엄마가 직접 하는
우리 아이
스며드는
역사 공부법

엄마가 직접 하는
우리 아이
스며드는
역사 공부법

제1판 1쇄 2023년 2월 23일

지은이 김경태
펴낸이 이경재

펴낸곳 도서출판 델피노
등록 2016년 8월 11일 제2020-000082호
주소 서울시 양천구 신정중앙로 86, 덕산빌딩 5층
전화 070-8095-2425
팩스 0505-947-5494
이메일 delpinobooks@naver.com
ISBN 979-11-91459-52-4 (03370)

엄마가 직접 하는

우리 아이 스며드는 역사 공부법

김경태 지음

델피노

지금으로부터 약 6년 전 큰아이가 고등학교 3학년 때 일이었다. 수능 모의고사 성적표가 나와서 보고 있었다. 우리나라 모든 학부모가 그렇듯 나도 국·영·수 과목 성적부터 먼저 확인하였고 다음으로 확인한 건 한국사 과목 등급이었다. 우리 아이의 한국사 등급은 1등급이었다. 한국사가 수능 필수 과목으로 지정되고 처음으로 적용되는 학년이었던 이유로 나는 한국사 등급에 관심을 갖고 있었다.

"한국사는 첫해가 시험이 쉽지? 절대 평가라 웬만한 학생들 다 1, 2등급 받겠다 그치?"

모의고사 성적을 보고 내가 별생각 없이 던진 말에 아이는 손사래를 치며 강하게 말했다.

"문과에서는 어떨지 모르겠는데 이과에서는 아니야, 엄마. 한국사 1등급 받는 학생 많이 없어. 이과생들이 한국사를 얼마나 어려워하는데."

나는 한국사가 필수 과목으로 지정된 첫해이니만큼 굵직하고 큰 사건들 위주로 비교적 쉽게 시험이 나올 것 같다고 생각했다. 그리고 당시에는 학습만화와 역사만화가 유행이었다. 그래서 나는 아들에게 학생들이 한국사를 다른 과목보다 좀 더 쉽게 느끼지 않겠냐고 반문했다. 내 질문의 배경에는 우리 아이들의 역사 지식이 기준이 되기는 했다.

"너는 우리나라 역사 좀 아는 편이잖아. 다른 친구도 비슷한 것 아니야?"

"아닌 것 같아. 다른 이과 친구들은 정말 한국사 어려워해. 내가 이과생인데도 불구하고 역사를 쉽게 생각하고 따로 공부하지 않아도 1등급 맞는 건 다 엄마 덕분인 것 같아. 친구들은 역사가 어렵지만 따로 공부할 시간이 없다며 어떻게 해야 할지 모르겠다고 힘들어하는데 나는 그 정도는 아니었거든."

아들의 이 말 한마디에 나는 어깨를 으슥거렸고 입가에는 저절로 미소가 지어졌다. 왜냐하면 아이들이 어릴 때부터 내가 해온 작지만 내 나름으로 신경을 쓴 교육법이 잘못된 건 아니었다는 생각이 들었기 때문이다. 그날의 대화 이후 자신감이 생긴 나는 기회가 되면 주변에 어린 자녀를 키우는 동생들이나 후배 엄마들에게 내가 했던 방법들을 조금씩 말해주고는 했었다.

고등학생이 되어 역사 공부를 따로 하지 않아도 한국사 1등급을 받던 그 아이는 정말 감사하게도 서울대학교에 입학하였다. 분명 한국사 하나 때문은 아니었을 것이고, 다른 과목도 열심히 공부한 결과였겠지만 엄마인 나의 조언과 노력도 일부 보탬이 되었을 거라고 생각이 들면서 조금은 자랑스러웠다.

나는 일하는 엄마였다. 회사에 다니는 25년 동안 아이 둘을 낳았고 주변의 도움 덕분에 무사히 아이들을 키울 수 있었다. 그러다 얼마 전 나는 퇴사를 감행했다.

25년 동안 회사라는 조직을 위해 열심히 일하다가 회사를 그만두고 보니 두 번째 인생에서 어떤 일을 하며 살아야 할지, 내가 어떤 일을 할 때 즐거워하는지 잘 모르고 있다는 것을 그제야 깨달았다. 한동안은 여유를 갖고 쉬면서 이런저런 생각도 하고 많은 사람들도 만나 보면서 그전에 알지 못했던 새로운 세상과 접촉을 시도해 보았다. 그러는 동안 나는 6년 전 큰아이와 했던 대화를 떠올리게 된 것이었다.

나는 역사를 좋아하는 사람이었고 역사와 관련된 콘텐츠를 자주 즐기던 사람이었다는 것이 떠올랐다. 그래서 본격적으로 내가 좋아하는 역사를 공부하기 시작했다. 그러다 보니, 회사에 다닐 때 관심이 있어서 따 놓았던 관광통역안내사 자격증으로 역사문화유적과 우리나라 관광지를 외국인에게 소개하는 여행가이드 직업도 갖게 되었고 아이들에게 역사를 재미있게 가르치는 역사 해설 강사 직업도 갖게 되었다.

그러면서 생각했다. 나와 우리 아이가 역사에 친근하게 된 것처럼 다른 아이들도 고등학교 입학 전인 초등학교 중학교 과정에서 미리 역사에 익숙해지면 좋을 텐데, 아이들이 따로 시간을 내지 않아도 역사와 친해질 수 있게 엄마들이 도와줄 수 있을 텐데, 하고 말이다. 왜냐하면 고등학교에 진학하면 본격적인 입시가 시작되다 보니 국·영·수에 매달릴 수밖에 없는데 그러면 역사는 아무래도 뒷전으로 밀릴 수밖에 없기 때문이다.

이런 생각들을 자꾸 하다 보니 주변 지인들에게만 잠깐씩 나누던 경험을 더 많은 사람과 나눌 수도 있지 않을까, 하는 생각까지 하게 되었다. 별것 아닌 작은 경험이지만 몇 명의 사람들에게는 필요한 도움이 될지도 모르니깐 말이다.

그래서 용기를 내었다. 별것 아닌 내 경험을 다른 사람들과 나누어 보자고. 엄마들이 이 책을 읽고 내가 했던 것들을 조금이라도 시도해 본다면, 혹시나 그들의 자녀들이 우리 아이들처럼 어릴 때부터 역사를 더 친숙하고 재미있게 느낄지도 모른다. 이 책은 이런 생각에서부터 출발하였다.

───────────── 목차 ─────────────

1

역사를 공부해야
하는 이유

역사를 잊은 민족에게
미래는 없다

우리가 역사를 왜 배워야 할까, 하는 질문을 할 때 가장 많이 듣는 문구가 단재 신채호 선생이 한 말이라고 알려진 '역사를 잊은 민족에게 미래는 없다'라는 말일 것이다. 그런데 신채호 선생이 정말 이 말을 했는지는 정확하지가 않다. 이와 유사한 문장을 여러 나라 여러 위인이 사용한 적은 있지만 이 문구를 누가 썼는지, 정말 신채호 선생이 사용했는지에 대해서 정확하게 밝혀진 것은 없다.

하지만, 우리에게 중요한 것은 누가 이 말을 사용했는지 신채호 선생이 진짜로 한 말인지, 아닌지가 아니다. 흔히 역사를 배우는 이유에 대하여 이 문구가 널리 애용되고 사람들이 좋아하는 것은 이 문장이 우리가 역사를 배우는 이유에 대하여 사람들이 평소에 갖고 있던 마음을 가장 잘 대변하고 있기 때문일 것이다.

현재 우리 주위를 둘러보자. 우리는 역사를 제대로 알고 깨우치고 반성한 한 나라를 알고 있다. 그 나라는 어디일까? 바로 독일이다.

독일은 1차 세계대전과 2차 세계대전을 일으킨 나라로 각각 전쟁에서 패배한 후 어마어마한 전쟁 후유증을 겪었다. 게다가 2차 세계대전이 끝난 후에는 전범국이어서 받아야 하는 막대한 배상금, 불명예(물론 이 불명예는 전쟁의 피해를 생각하면 받아 마땅한 것이라 하겠다.)로 인하여 나라의 재건이 힘들 정도였다. 독일은 전쟁을 일으킨 국가로서 패전 이후 도저히 회생이 불가능한 나라라는 인식이 당시 지배적이었다.

하지만 지금의 독일은 어떠한가? 2차 대전에 대한 배상과 전범 재판이 거의 마무리되었을 때 세계의 그 어느 나라도 독일이 지금과 같이 유럽의 일인자로 우뚝 서리라고 생각하지 못했을 뿐 아니라 유럽의 모든 정책을 일선에서 좌지우지하게 되리라고 생각하지 못했다. 게다가 세계 TOP 3의 강대국이 되어 세계의 정치와 경제에 지대한 영향을 끼치게 될 줄은 더더욱 알지 못했을 것이다. 독일은 지금 미국 다음으로 세계 경제 패권을 쥐락펴락할 정도로 잘 나가는 국가가 되었다. EU 동맹국들은 마치 60~70년대에 대학공부를 마치고 서울 제일 큰 회사에 취직한 큰 형을 질투와 부러움을 지닌 채 바라보는 고향의 동생과 같은 처지가 되었다. 세계를 제패하고 '해가 지지 않는 나라'였던 영국이나 전 유럽을 벌벌 떨게 했던 프랑스도 독일보다 지금은 한 수 아래라 할 수 있다. 무엇이 독일을 이렇게 버젓하게 장성한 나라로 만들었을까?

우리는 아주 가까운 곳에 아주 불편한 이웃을 두고 있다. 모두가 한 나라를 생각하고 있을 것이 틀림없다. 그렇다. 우리와 가장 가까운 나라 일본이 바로 우리의 불편한 이웃이다. 일본은 종종 독일과 비교되고 있다. 특히 일본에게 온갖 수탈을 당한 뼈아픈 기억이 있는 우리나라는 더욱 독일처럼 진정한 사과와 명확한 배상을 하지 않는 일본을 용서하지 못하고 있다. 일본은 대한제국을 강제로 병합하여 우리를 36년간 식민 통치하였다. 36년간 우리나라를 식민 통치하면서 일본은 우리의 역사를 없애고 우리의 말을 없애고 우리의 민족혼과 얼을 말살하려고 하였다. 게다가 조선의 처녀들과 청년들을 일본의 전쟁 도구로 사용하면서 아주 비인도적이고 비인간적이며 폭력적인 식민 지배를 일삼았다.

2차 대전에서 연합군이 승리하면서 일본은 독일과 함께 패전국이 되었다. 패전국이었던 일본은 미국에서 전범 재판을 받았다. 하지만 미국에서 열린 전범 재판은 서양 국가 위주로 진행되었고 자연스레 세계의 관심은 전범국 중에서 독일에게 더 많이 가고 있었다. 상대적으로 아시아에 대한 관심은 적었다. 독일에만 관심을 두느라고 패전 두 나라 모두를 상대로 총력을 펼치지 못했던 승전국들은 우리로서는 너무나 안타깝게도 일본의 패전에 대한 죄과를 제대로 묻지 못했다. 어영부영 시간은 흘렀고 한국전쟁이 발발하면서 일본은 정말 운 좋게도 패전국이 아닌 개발도상국 그리고 떠오르는 아시아의 신흥강국으로 이미지 변신을 하였다. 그렇게 일본은 몇십 년 동안 아주 잘나가는 아시아의 일등 국가가 되었고 미국을 위협하는 세계의 경제

강국이 되었다.

지금의 일본은 어떻게 되어있을까? 일본은 제일 전성기를 누리던 8~90년대를 지나고 1990년대 중후반에 들어서 경제 발전은 그전과 같지 않았다. 그들은 잃어버린 10년이라고 부르기 시작했다. 하지만 부자 망해도 3년은 간다는 말이 있듯이, 여전히 잘 사는 나라로 남아 있었다. 2000년대 이후 지금까지 일본은 잃어버린 30년을 지나 잃어버린 40년을 지나고 있는 것처럼 보인다. 잃어버린 것은 경제만은 아닌 것 같다. 정치와 문화 측면에서도 발전을 지속하기보다는 오히려 퇴보하고 있는 게 아닌가 하는 생각이 든다. 7~80년대 잘 나가던 일본의 영화나 음악을 향유하는 사람은 이제 많지 않다. 왜 일본은 발전을 계속하지 못하고 퇴보와 정체를 반복하는 '라떼'의 나라가 되었을까?

나는 독일과 일본의 차이는 '역사를 잊은 나라'와 '역사를 기억하는 나라'의 차이라고 생각한다. 1970년 독일의 빌리 브란트 총리가 폴란드에서 무릎을 꿇고 진심 어린 사과를 했을 때, 폴란드 국민 전부가 만족하지는 않았겠지만 사과의 진정성을 느꼈을 것은 틀림이 없다. 독일은 지금까지도 나치 당원과 전범들을 찾아내는 작업을 계속하고 있고 처벌을 지속하고 있다. 잘못된 과거를 반성하고 사과를 계속하는 독일은 현재에 바로 서서 미래를 향해 나아갈 수 있는 여력이 생긴 것이다.

반면, 일본은 우리에게 제대로 된 사과를 하지 않고 있다. 지난 과거에서 몇 번의 형식적이거나 부분적인 사과의 말들이 있기는 했지만 그것이 일본 전체를 대표하는 것은 아니었고 그마저도 이내 부정되거나 번복되어 버리곤 했다. 과거의 반성이 없는 일본은 마치 토대가 튼튼하지 않은 구멍이 숭숭 뚫린 채 높이 쌓아 올린 젠가처럼 보인다. 아래가 튼튼하지 않게 쌓은 젠가는 슬쩍 건드리기만 해도 와르르 무너진다. 지금 일본이 그런 상태에 있다. 근래 언론 기사를 보니 일본의 GDP가 OECD 평균 이하로 하락 중이며 노동생산성은 이미 OECD 평균보다 13%나 하락했다고 한다.

문화도 마찬가지이다. 우리는 한때 일본문화의 침입을 걱정하던 적이 있었다. 음악, 만화, 영화 모두 한국이 일본 콘텐츠에 밀려 일본의 것을 동경하고 따라 했던 적이 있었다. 하지만 문화 역전 현상이 생긴 지 20년이 다 되어간다. 우리는 이제 더 이상 일본문화를 무서워하거나 두려워하지 않고 있다.

역사를 잊은 일본은 미래를 잃어버리고 있는 건지도 모른다. 아니, 나는 그렇다고 생각한다.

우리도 우리의 역사와 과거를 똑바로 바라보고 잘된 것과 잘못한 것을 구별하지 않는다면 이웃 나라처럼 되지 말라는 법이 없다. 우리는 독일이 될 것인가, 일본이 될 것인가? 역사를 제대로 알고 공부해야 하는 아주 중요한 이유는 여기에 있다.

여행에서 만난 외국인과
역사 이야기를 해 보셨나요?

2010년 추석 연휴는 토요일과 일요일까지 합하고 월요일과 금요일 이틀만 휴가를 내면 연달아 9일을 쉴 수 있는 황금연휴였다. 나는 아이들을 데리고 해외여행을 가고 싶다는 꿈을 갖고 있었기에 이 같은 황금 기회를 놓치고 싶지 않았다.

장기간의 해외여행을 위해 이런저런 우여곡절 끝에 우리 가족 4명은 드디어 최초의 유럽 여행을 떠나게 되었다. 행선지는 많은 사람들이 가고 싶어 하던 유럽이었고, 여행할 도시는 암스테르담, 파리, 로마였다.

처음 도착한 곳은 암스테르담. 스키폴 공항에 도착하니 아침 7시가 조금 넘어있었다. 어렵사리 온 유럽 여행이라 본전을 찾으려면 잘나가는 연예인처럼 시간을 쪼개 써야 했다. 무려 15시간 정도 되는 장거리 비행인데도 우리는 숙소에 짐만 놔두고 암스테르담의 관광지를 향해 발걸음을 서둘렀다.

우리 가족이 제일 처음 간 곳은 암스테르담 시내에 있는 안네 프랑크의 집이었다. 나치 독일이 유럽을 점령하고 유태인을 잡아 학살하던 시절, 안네는 나치를 피해 아빠의 지인 집에 숨어 살며 키티라는 가상의 친구에게 일기를 썼다. 암스테르담에서 단 하루의 시간밖에 없었던 우리는 아이들 교육 목적에도 부합되고 아이들도 익숙한 이름인 안네 프랑크와 관련된 어떤 것을 보여주면 좋겠다는 생각이었다. 그래서 안네 프랑크의 집을 처음 행선지로 골랐던 것이다.

'9월의 평일에 뭐 사람이 그리 많겠어?'라고 생각했던 건 순전히 내 안일함 때문이었다. 많은 유럽 사람들은 계절과 시기를 가리지 않고 여행을 하는 사람들이며 안네 프랑크는 여전히 유럽 사람들에게 친숙하고 존경하는 귀여운 소녀였던 것이다. 안네 프랑크의 집 앞에는 어린이날의 놀이동산처럼 관람을 기다리는 줄이 늘어서 있었다. 나는 안네 프랑크를 포기하고 그냥 풍차나 보러 갈까, 하고 잠시 망설였다가 이내 마음을 고쳐먹었다. 우리가 언제 또다시 안네 프랑크를 보러 올 수 있을까? 온 김에 조금 기다리더라도 집도 둘러보고 안네가 주로 일기를 썼던 다락방도 보고 어린 소녀가 어떻게 나치 독일시대의 어려움을 견뎠는지 우리 아이들에게 느끼게 해주고 싶었다. 어른 2장, 어린이 2장의 표를 끊고 줄을 서기 위해 줄의 제일 끝을 찾아 나섰다. 안네의 집을 두 바퀴 정도 둘러싼 사람들을 따라간 후에야 우리는 맨 끝에 줄을 설 수 있었다. 표 파는 사람 말이 입장하려면 두 시간 정도 기다려야 된다고 했다. 9월 암스테르담의 오전 태양은 한국의 한여름 태양과 비슷했다. 내리쬐는 뙤약볕에 마냥 서서 기다리는 것은 어른인 나도 지치게 했으니 초등학생이었던 아이에게는 더욱 힘든 기다림이었다. 더군다나 기다리는 사람 대부분이 하얀 피부 노란 머리의 서양인이었고 동양인은 우리밖에 없었다. 우리는 뜨거운 태양과 어색한 분위기에 서서히 지쳐가고 있었다.

아이들의 입에 음료수와 과자를 밀어 넣으며 지친 기다림을 달래고 있던 그때쯤, 우리 뒤에 있던 사람이 우리에게 말을 걸어왔다.

"날씨가 더워서 아이들이 많이 힘들어 보이네요. 어디에서 오셨나요?"

20대 후반의 백인 커플이었다. (가물거리는 정확하지 않은 기억이지만 독일이나 벨기에 사람이었던 것으로 기억한다.) 지루한 기다림에 영어로 말을 먼저 걸어오는 외국인과의 대화는 정신이 번쩍 나게 했고 기다리던 아이들도 지친 기색을 거두고 신기한 눈길로 나와 그 외국인을 번갈아 쳐다보았다.

"네. 한국에서 왔어요. 아직 아이들이 어려서 힘들어하네요."

말을 먼저 걸어주던 그 외국인은 아이들을 바라보며 날씨가 더워서 기다리기 힘들겠다며 대화를 시도했고 가족끼리 이렇게 먼 곳에 여행을 오다니 아이들에게 '너희는 참 행운아다'는 말을 건네주었다. 물론 내가 서툰 영어로 중간에 그들의 말을 아이들에게 통역해주기는 하였다.

기다림에 지친 아이들은 어느새 눈을 반짝이며 관심을 보였고 지겨움과 피로를 잊은 듯했다.

"암스테르담에 오는 관광객들은 보통 풍차 보러 많이 가던데 왜 이곳에 왔는지 궁금하네요."

날씨와 관련된 얘기를 두어 차례 나눈 후에 그 사람이 우리에게 안네의 집에 온 이유를 물어보았다. 나는 별것 아닐 수 있는 질문이었지만 좀 그럴싸한 대답을 하고 싶었다. 한국 사람들은 역사적으로나 교육적으로 많이 알고 똑똑하다는 이미지를 주고 싶었다.

"한국이 일본에게 식민 지배를 당했다는 거 혹시 아시나요? 먼 아시아 대륙의 역사라 잘 모를 수도 있을 것 같아요. 한국은 일본에게 36년간 식민 지배를 당했어요. 여기 많은 유럽 국가가 나치에게 점령당한 것처럼요. 하지만 한국은 유럽보다 식민 지배를 당한 기간도 훨씬 길었고 통치 방식도 더 악랄했다고 알고 있어요. 독립을 위해 싸운 사람들은 죽기도 하고 감옥에 가기도 했지요. 식민 치하에서 한국 사람들은 안네처럼 숨어 살지는 않았지만, 일본의 노예처럼 살았어요. 그래서 한국인은 핍박을 받은 역사를 가진 사람이나 나라에 대해서 동질감을 느낀답니다. 안네의 심정을 누구보다 잘 이해할 수 있어요. 그래서 여기 왔을 때 우리 아이들이 불쌍한 안네를 보고 위로도 하고, 점령당한 민족의 아픔도 느끼게 해주고 싶었어요."

내게 질문을 했던 커플은 한국이 일본에게 지배당한 것을 듣기는 했지만, 자세히는 알지 못한다며 말해줘서 고맙다고 대답해 주었다. 대답을 듣고 나는 기분이 좋았다.

내가 대답을 마쳤을 때 아이들이 나에게 물었다.

"엄마, 저 사람은 뭐라고 했고 엄마는 뭐라고 했어?"

나는 외국인의 질문과 나의 대답에 대하여 간략하게 설명해주었다. 아이들은 이해와 존경의 "우와~"하는 소리로 내 기분을 으쓱하게 해주었다. 그런 아이들에게 나는 한마디 말을 덧붙여 주었다.

"얘들아, 외국에서 외국 사람들이 우리나라 역사에 대해서 이런 질문을 해오면 뭐라도 이야기할 수 있어야겠지? 그러려면 영어도 알아야 하지만 역사도 알아야 해. 영어는 형식이고 역사는 내용이거든. 알겠니?"

두 아이 모두 "어. 알겠어."라고 말하며 방긋 미소를 지었다.

외국으로 여행을 다니다 보면 아주 짧은 대화라도 외국인과 이야기할 기회를 가지게 된다. 주로 하는 이야기는 여행지의 분위기, 날씨, 음식들이 대부분이다. 하지만 의외로 역사에 대하여 이야기를 나누게 되는 경우가 종종 있다. 왜냐하면 한 나라를 여행하는 것은 그 나라의 문화를 알고 이해하는 것이 출발인데, 한 나라의 문화를 또 잘 이해하려면 간단하게나마 역사를 알아야 하기 때문이다. 여행하는 나라의 역사와 문화를 얘기하다 보면 '너희 나라는 어떠니?'라든가, '우리나라는 이런데 여기는 다르네.'라는 이야기를 하게 되는 경우가 발생하기도 한다.

이런 경우에 우리의 역사를 모르고 있거나 혹은 잘못 알고 있다면 말을 못 하는 낭패를 겪거나 잘못된 정보를 외국에 전달하는 실수를 범하게 될 수도 있다. 그래서 적어도 우리의 역사를 대략적이나마 얘기할 수 있을 정도의 역사 상식을 가지고 있어야 행여라도 외국인 앞에서 "I don't know."라고는 하지 않을 것이다.

2010년 9월 암스테르담에서 생긴 외국인과의 대화는 우리 아이들에게 신선한 자극이 되었다. 그 뒤 여행 일정에서 갔던 역사 유적지에서 아이들은 거기가 뭐 하는 곳인지 누가 살던 곳인지 물어보곤 했기 때문이다. 이것은 그전에는 없었던 일이었다.

수능 필수 과목이 된
한국사

큰아이가 고등학교 1학년이던 2014년에 교육부에서 수능 시험과 관련된 입시 기본 사항을 발표했다. 이 발표 사항 중 하나가 한국사 과목이 수능 필수 과목으로 2017학년도부터 지정된다는 것이었다.

이 발표 이전까지 한참 동안(2005년부터) 한국사 과목은 수능 필수 과목이 아닌 선택과목이었다. 수능 필수 과목이 아니다 보니 일선 학교에서도 한국사를 필수로 배우지 않았다. 이 무렵 우리나라 청소년들의 역사 인식이 부족하다는 뉴스가 종종 보도되기도 하였다.

초중고 학생 사천여 명을 대상으로 한 설문조사에서 3.1절의 의미를 잘 모른다는 학생이 전체 답변 학생 중 약 40%나 된다는 기사가 보도되어 많은 사람들의 걱정을 사기도 했으며, '고등학생의 69%가 한국전쟁은 북침'이라고 생각한다는 역사 인식 설문조사의 결과도 주요 뉴스로 보도되었다. 이런 소식은 한국사 교육이 위기에 처했다며 많은 이들의 개탄을 자아내기도 하였다.

이런 보도가 연이어 발표되고 청소년들의 역사 인식이 부족하다는 사실에 공감대가 형성되었기 때문이었던 건지, 교육부는 한국사를 수능 필수 과목으로 포함 시킨다는 정책을 발표한 것이다.

나는 일찍부터 역사는 아주 중요하게 여겨져야 하며 따라서 역사 과목은 필수 과목이어야 한다고 생각해왔기에 이 정책을 아주 반가이 여겼었다. 그런데 의외로 같이 아이를 키우는 엄마들은 변경된 교육 정책에 당황하였다. 그 이유를 들어보니, 국영수 공부하기도 시간이 벅찬데 이제 국사까지 시간을 할애해서 공부하고 암기를 해야 하니 아이들 부담이 얼마나 크겠냐, 하는 것이었다.

그 엄마들 말에 따르면, 아이들이 역사를 아주 어려워하고 외울 것이 너무 많아서 공부에 투여하는 시간 대비 효율이 크지 않다는 것이다. 역사 공부에 효율을 따지다니, 개인적으로 조금 아쉬웠지만, 사실이 그러하다니 바뀐 입시 정책에 혼란스러워하는 아이들이 안타까울 따름이었다.

역사 과목은 앞으로 더 중요하게 취급될 것이다. 선택 과목으로 전락한 지 10년 만에 다시 필수 과목으로 변경되었다. 세계의 교류가 더 빈번해지고 글로벌화가 더 활발해질수록 자기 나라의 역사를 제대로 아는 것이 더 중요하다. 세계를 알려면 나부터 알아야 한다. 우리가 우리의 역사를 공부하지 않는다면 상대방이 우리보다 더 우리를 연구하여 우리가 우리의 것과 지위를 잃어버릴 수도 있다.

2017학년도부터 한국사가 수능 필수 과목으로 지정되었고 절대 등급 4등급만 넘으면 통과되는 것으로 되었지만 앞으로 역사 과목의 중요성은 더욱 강조될 것이다. 역사는 꾸준히 더 깊이 알아가야 한다.

04

어릴 적 공부가
나중 시간을 벌어준다

    큰언니에게는 아들이 한 명 있다. 조카는 중·고등학교를 다닐 때 운동하느라 공부를 하지 못했고 당연히 성적이 좋지 않았다. 하지만 고등학교 2학년 때 그만 무릎 부상을 당하여 운동을 계속할 수 없게 되었다. 생각했던 진로가 외부 상황으로 인하여 갑자기 바뀌었고, 이로 인해 미래가 불투명하게 되자 조카는 방황을 하기 시작했다. 무엇을 해야 할지 몰라 몇 년을 방황하고 고민하던 조카는 자신이 잘하던 운동 특기를 살릴 수 있는 방향으로 진로를 잡았는데 그것은 경찰공무원이 되는 것이었다.

    경찰공무원이 되기로 마음먹은 조카가 공무원 공부를 하면서 맨 처음 부딪힌 어려움은 영어와 역사였다. 경찰공무원이 되려면 몇 개의 선택과목과 2개의 필수 과목이 있었는데 잘하든 못하든 무조건 선택해야 하는 필수 과목이 영어와 역사였던 것이다. 학교 다닐 때 운동하느라 공부를 등한시했던 조카에게 영어는 읽을 수 없는 까만 글씨였고 역사는 읽을 수는 있지만 무슨 말인지 모른다는 것에서는 외국어나 다름없었다. 그때 조카는 어릴 때 공부를 안 한 것을 두고 아주 많이 아쉬워했다. 그중에서도 역사 과목에 대해서 더욱 아쉬워했다.

"초중고 학교 다닐 때, 드라마라도 많이 봐 둘걸. 한국말인데 이렇게 이해하기가 어렵다니!"

조카의 말은 이런 것이었다.

'역사를 암기로 생각하고 어렵다고만 생각하여 교과서나 수업 시간에 전혀 집중하지 않았다. 그랬더라도 역사와 관련된 드라마나 영화나 게임(있다면) 같은 것으로 어릴 때부터 접하였다면 지식을 알고 있지는 않았더라도 용어라도 친숙해져 나중에 공부하기 조금이나마 쉬웠을 텐데, 역사 참고서에 나오는 단어 하나 용어 하나도 마치 외국어처럼 생소하게 들리니 모든 것이 유치원부터 새로 하는 느낌이다.'

한국사가 수능 필수 과목으로 지정되고 절대 평가 방식으로 평가되기 시작한 것은 2017학년도로 겨우 5년 남짓의 시간이 지났을 뿐이지만 그 이전부터 한국사는 각종 시험에 필수로 지정된 과목이었다.

조카가 쳤던 경찰공무원 시험은 영어와 역사가 필수였고(지금은 두 과목 다 인증시험으로 대체되었다) 모든 공무원 시험에는 필수 과목으로 역사가 포함되는데 보통 한국사능력검정시험으로 대체가 된다.

공무원 시험만이 아니다. 한국철도공사, 국민연금관리공단, 건강

보험공단, 한국전력공사, 한국수력원자력 등의 공공기관 입사 시험에도 한국사는 필수 과목이다. 공공기관에 따라 어느 곳은 한국사능력검정시험으로 대체하는 곳도 있고 자체적으로 시험 문제를 출제하는 곳도 있다.

취업난과 고용의 불안정으로 인하여 많은 청년들이 공무원이나 공공기관에 취업하기를 원하고 있다고 한다. 2020년 잡코리아가 시행한 설문조사에 따르면, 2030 세대의 40%가 공무원 및 공공기관 입사를 준비하고 있다. 이들은 모두 한국사 공부를 하고 있다는 것이다.

그럼 민간기업 공채를 준비하는 청년들은 한국사 공부를 안 해도 될까? 아이러니하다고 할 수 있는데 민간 기업에서는 글로벌 시대가 될수록 한국사 실력을 체크하고 한국사 실력이 좋은 인재를 뽑으려 하고 있다. 삼성, LG, 현대자동차 등 유수의 기업들은 자체 입사 시험을 치르고 있는데 이들 회사는 한국사를 별도의 과목으로 만들기도 하고 일반 상식 과목 문항에 역사 문항을 포함하고 있다.

우리나라에서 처음으로 입사 시험에 한국사를 도입한 GS칼텍스는 '글로벌 시대에 투철한 역사의식이 없다면 세상의 조류에 휩쓸리고 말 뿐이다'고 하면서 한국사를 신입 사원 채용 시 중요 평가 항목으로 생각하고 있다고 한다.

현대자동차도 글로벌 인재는 뚜렷한 역사관을 가지고 있어야 한다는 입장인데 "뚜렷한 역사관을 갖고 차를 판다면 이는 곧 대한민국의 문화도 같이 파는 것이고 이는 글로벌 시장에서 우리의 가장 큰 힘이 될 것"이라는 것이다.

이처럼 공공기관이나 기업을 막론하고 자국의 역사를 중요시하고 직원을 채용할 때 역사적 소양을 갖고 있는 사람을 원하는 실정이다.

어린 시절부터 역사와 친하고 역사 용어에 익숙하며 역사를 생활 속에서 함께 한 사람이라면 청년이 되어 취업 전선에 뛰어들어서도 역사 공부에 할애하는 시간을 대폭 줄일 수 있을 것이다. 역사를 암기 과목처럼 느끼며 부담을 갖고 달달 외우는 사람과 이미 친숙한 용어와 역사를 스토리로 이해한 사람은 출발선도 다르고 목표 지점까지 도달하는 시간도 다를 수밖에 없다고 생각한다.

어릴 적 접하고 친숙해진 역사가 나중에 성인이 되어서도 두고두고 스스로에게 시간적으로 효율을 안겨주는 효자 노릇을 할 것이다.

05

역사만큼 좋은
미래 예측 공부는 없다

"역사란 과거와 현재 사이의 끊임없는 대화이다."

이 명제는 세계적으로 유명한 영국의 역사학자 E.H.Carr가 그의 저서 "역사란 무엇인가"에서 밝힌 역사에 대한 정의이다. 이 명제는 우리가 왜 역사를 배우는가에 대한 분명한 이유가 되는 명제라고 생각한다.

점수를 따기 위해서 시험에 합격하기 위해서 회사에 입사하기 위해서만 공부를 해야 한다면 얼마나 재미가 없을까? 이것은 역사도 마찬가지이다. 하지만 우리가 우리의 현 상태를 제대로 알고 미래에 올바르게 대비하려는 목적이 있다면 역사만큼 값싸고 구하기 쉬운 교재는 없다.

제레미 다이아몬드는 그의 저서 '총,균,쇠'에서 인류 역사가 시작된 것을 기원전 11,000년 즈음으로 보았다. 각 지역에서 인류의 문명이 시작되고 발전하는 시기는 지역별로 차이가 있기는 하지만 대략 신석기가 마무리되고 청동기시대로 접어드는 무렵인 기원전 4,000년~1,000년 즈음이다. 이때부터 계산해보면 인류의 역사는 대략 6,000년~3,000년의 역사를 지니고 있다.

너무 까마득한 것 같다. 그래서 실감이 안 난다. 역사의 범위를 현재 우리의 달력 기준으로 다시 생각해보자. 지금은 2023년이다. 사람이 달력을 갖고 시간을 계산한 이후부터 추정해본다면 인류는 2,000년이 넘는 역사를 갖고 있는 셈이다. 즉, 우리는 2,000년이 넘는 시간 동안 축적된 어마어마한 분량의 데이터베이스와 케이스를 이미 보유하고 있는 것이다.

공부 좀 한다는 똑똑한 사람들이 경력 관리와 인맥 형성과 지식의 확대를 위해서 많이 가는 코스가 있다. 바로 MBA(Master of Business Administration)이다. MBA는 기업경영 전반에 걸친 이론을 학습과 사례연구를 통해 장래 기업조직에서 필요한 유능한 경영 관리자를 양성하는데 주안점을 두는 교육을 하고 있는데, 수업내용은 실전과 유사하게 구성해서 MBA 과정을 겪는 동안 기업 경영을 사전에 체험해본다는 취지가 아주 크다.

MBA가 경영하는 사람들에게 아주 인기가 있게 된 이유 중 하나가 바로 실전 사례 연구 방법 때문이다. 즉 case study라는 것이다. Case study란, 과거에 실제로 있었던 기업 경영의 실패 및 성공 사례를 아주 면밀히 살펴 해당 기업이 왜 성공했는지 혹은 왜 실패했는지 분석하는 것이다. 이 분석을 바탕으로 학생들, 즉 예비 경영인들은 무엇을 취하고 무엇을 버릴지 취사선택하게 되는 것이다. 다시 말하면, 미래에 기업을 경영하면서 일어날 일들을 case study를 통해서 미리 경험하는 일종의 가상 체험이라고 할까!

MBA에서 case study를 하기 위해서 적게는 일 년에 약 천만 원 정도(국내 대학의 경우)를, 많게는 일억 원 정도(해외 Top급 대학의 경우)의 비용이 든다. Case study를 통해 과거의 경험을 배우고 교훈을 찾는 기회비용으로 상당히 많은 비용을 감수해야 하는 것이다. 물론 MBA는 비용에 상응하는 특수한 다른 교육 내용이 상당히 포함되어 있을 것이 틀림이 없다.

경영인이 아닌 일반 개인이라면 저렇게 큰 비용 없이도 얼마든지 사례연구를 할 수 있다. 조금만 부지런하기만 한다면 말이다. 왜냐하면, 우리에게는 지난 2,000년의 세월 동안 축적된 어마어마한 양의 case를 확보하고 있기 때문이다.

역사는 디테일에서는 달라 보이지만 크게 보면 유사한 패턴의 반복일 수 있다. 생성, 발전, 정점, 쇠퇴 그리고 멸망. 간단히 우리는 이것을 흥망성쇠라고 한다. 지금 내가 어떤 어려움에 직면해 있을 때 역사 속에서 유사한 사례를 발견하고(공부를 하여) 역사 속 누군가는 어떻게 했는지-성공을 했는지, 실패를 했는지-파악하여 현재의 나에게 충분히 적용할 수 있다.

과거의 데이터가 있고 현재의 나 혹은 우리의 상태를 제대로 알고 있다면 미래를 대비하고 예측하는 것이 웬만큼 가능할 수 있다.

100%까지는 아니더라도 어느 정도의 확률을 갖고 미래를 예측할 수 있다면 지금의 불안은 조금 수그러들 수 있지 않을까?

코로나가 찾아온 지 벌써 4년차로 접어들고 있다. 처음에 우리는 모두가 혼란스러워했다. 그리고 불안해하였다. 앞으로 어떻게 될까, 사회는 어떻게 변하게 될까? 하지만 그 와중에서도 누군가는 대비를 하고 있었다. 우리에게는 코로나가 처음 만나는 사례가 아니었다. 이미 과거에 여러 차례 팬데믹을 경험하였다. 과거 여러 사례를 거울삼아 누군가는 약을 개발하고 누군가는 방역 대책을 세우고 우리 개개인은 생활 습관을 변경하였다. 나는 이런 일련의 변화들도 다 역사 속에서 기반을 둔 사례 연구의 하나라고 생각한다.

우리가 불안해하는 것은 역사의 사례를 스스로 배우지 않고 남들이 읊어대는 것을 듣기만 해서 일 수도 있다. 우리가 불안해하는 이유는 우리가 예측한 어떤 미래가 오기까지의 기다림에 조바심을 내기 때문일 수도 있다.

준비하는 사람에게는 기회이고 준비하지 않는 사람에게는 위기일 수 있다.

과거의 경험을 공부하자. 준비하자. 그러면 미래는 우리에게 기회가 될 수 있다.

모든 사건에는 원인과 결과가 있다
– 역사는 논술도 된다

　내가 중·고등학교를 다니던 시절에는 다행히도(?) 국사가 필수 과목이어서 매주 한 번 수업을 들었었다. 그런데 국사 교과서를 읽다 보면 맨날 나오는 것이 무슨 사건의 배경이니 전개이니 영향이니 하는 것들 태반이었고 우리는 그것을 기계적으로 암기하곤 했다.

　예를 들어 3.1운동에 대하여 배울 때, 선생님이 교과서를 한번 쭉 읽고 칠판이 가득 차도록 다음과 비슷하게 판서를 하셨다.

> **1. 3.1 운동의 발생 배경**
> 　1) 국외적 배경
> 　　① 국제 정세의 변화: 윌슨의 민족자결주의
> 　　② 외교 활동: 파리 강화회의 등
> 　　③ 2.8 독립 선언서 발표 등 해외의 각종 독립 선언서 발표

2) 국내적 배경

    ① 고종 독살설

    ② 일제에 대한 불만 고조

2. 전개 과정

1) 점화: 독립 선언, 민족 대표의 한계 등등

2) 도시 확산: 탑골 공원에서 선언문 낭독 후 전국 확산. 동맹 휴업, 노동자 파업 참여 등

3) 농촌 확산: 농촌 및 산간벽지까지 만세 운동 확대. 장터 중심, 비밀 결사와 조직적인 시위 전개, 무력 투쟁으로 변모

4) 국외 확산: 만주, 연해주, 미주, 일본 등까지 시위 확산

3. 일제의 탄압 심화: 무차별 총격, 학살 자행

4. 3.1 운동의 의의와 영향

1) 최대 규모의 민족 운동

2) 대한민국 임시정부의 수립 계기

3) 독립 운동의 참여 폭 확대: 학생, 농민, 노동자로 주도 세력 이전

4) 독립 운동의 분수령: 이념, 방법 등의 다양성 발생, 분열 발생 등

5) 해외 식민지 나라의 해방 운동에 영향

6) 일제 식민 통치 방식의 변화: 문화 통치 시작

나는 그때는 3.1운동은 몇 년도에 일어나서 어떻게 되었다, 만 알면 된다고 생각했었다. 하지만 3.1운동은 너무도 중요해서 하도 여러

번 수업을 듣고 암기를 한 덕분에 판서의 내용들은 지금도 대략 기억하고 있기는 하다. 다시금 선생님께 감사를 드린다.

이처럼 역사에서는 어떤 주요 사건의 발생 배경부터 전개 과정, 결말 그리고 사건이 끝난 후의 영향 및 시사점과 의의를 같이 알아야 했다. 이것이 역사를 배우는 목적 중 하나이다. 그냥 1919년에 일어난 국민 봉기 운동이 3.1운동이라는 지식 하나만 알고 넘어간다면 역사는 그야말로 암기 과목에 그칠 뿐이었겠지만, 역사를 배우는 것은 역사를 단순히 연대순으로 나열하기 위해서는 아니다. A 사건은 왜 일어났으며 어떻게 발전하고 누구(예를 들어 B)에게 영향을 주었는지 맥락을 파악해야 한다. C 사건도 마찬가지이다. C는 A에게서 어떤 영향을(발생 원인) 받아서 어떻게 흘러가서 무엇(예를 들어 D)에게 영향을 주었는지 알아야 한다.

어떤 사건을 대할 때 이런 방식으로 생각하는 습관을 들이다 보면 사건의 겉만 보이는 것이 아니라 그 이면을 들여다볼 수 있는 능력이 길러지기도 한다. 바로 구슬을 꿰어서 보배는 만드는 작업인 것이다.

각 역사적 사건이라는 구슬을 자꾸 꿰어보는 연습을 하다 보면 어느덧 하나의 멋진 보배가 만들어지는데 이 보배란, 바로 사고력과 글 쓰는 능력이 되겠다. 글쓰기의 가장 기본은 문장력이 아니라 콘텐츠이다. 콘텐츠(구슬)가 풍부하면 유려하지 않은 문장력으로도 훌륭한 글(보배)을 작성할 수 있다.

위에서 내가 중학교 때 배운 3.1운동에 대하여 판서했던 것을 그대로 글로 쓰면 하나의 논술이 만들어진다. 이 하나의 논술에 만약 내 생각이 마무리에 추가되거나, 현재 일어난 다른 유사한 사건과 연관 고리를 만들어 본다면 단순한 하나의 논술은 꽤 괜찮은 논술로 변모할 수 있다. 역사가 논술이 될 수 있는 이유이다.

> **예제 문제:**
> 3.1 운동에 대하여 아는 대로 기술하고 그 역사적 의의를 쓰되 근래 일어난 역사적 사건과 연결 지어 자신의 생각을 서술하시오.

2016년 현대자동차 입사 시험에 이런 문제가 나왔다고 한다.

"르네상스 의의와 영향에 대한 의견과 21세기에 르네상스는 어떤 분야가 될 것이라 생각하며 그 이유는 무엇인지 서술하시오."

이것은 앞의 3.1운동과 같은 맥락이다. 우리는 15세기 유럽에서 발생한 르네상스에 대하여 발생 배경과 전개 그리고 영향과 의의를 배웠다면, 배운 대로 서술하면 되고 말미에 현재의 자신의 생각을 조금만 첨가하면 되는 것이다.

역사 속 거의 모든 사건은 그 사건이 생겨난 이유가 있다. 그리고 하나의 사건은 반드시 다른 무언가에게 영향을 끼친다. 모든 일에는 반드시 원인과 결과가 있게 마련이다. 역사를 공부하다 보면 원인과 결과를 생각하는 사고력과 사건-원인-결과-사고력을 바탕으로 한 글

쓰기 실력도 나도 모르게 조금씩 늘어 있는 것을 발견하게 된다.

엄마표 역사가
필요한 이유

엄마랑 놀면서 시작하기 좋은
공부 놀이 - 역사

큰아이가 초등학생이 되었다. 나도 학부모였기에 아이가 초등학생이 되고 보니 마음이 급해졌다. 다른 집 아이들처럼 수학도 시켜야 할 것 같았고 영어공부도 시켜야 할 것 같았다. 어떻게 공부를 시킬까, 하는 고민에 인터넷도 찾아보고 주변에 물어보기도 하였다. 그때 무슨 자신감이었던 건지 모르겠지만 영어는 내가 직접 공부를 시켜보겠다고 결심하였다. 낮에는 직장에서 시간을 보냈기 때문에 아이랑 같이하는 시간이 절대적으로 부족해서 저녁 시간이라도 아이랑 함께 보내야겠다고 생각했는데, 그 방법이 내가 집에서 아이 영어 공부를 직접 시키는 것이었다. 초등 영어 정도는 내가 가르칠 수 있을 줄 알았다.

퇴근하고 집에 와서 아이에게 말했다.

"이제 매일 저녁 7시부터는 엄마는 영어로 이야기할 거야. 너도 엄마에게 할 말 있으면 영어로 말해. 단어 하나만 얘기해도 돼. 공부하다 보면 단어 실력도 더 늘 거니까 괜찮아."

불안한 눈빛으로 고개를 끄덕이던 아이에게 나는 말하기 시작했다.

"Hey my son, wash your hands first and let's study English together, okay?"

무슨 말인지 모르고 멀뚱히 서 있는 아이에게 손 먼저 씻고 와서 영어 공부하는 거라고 통역까지 해주었다. 아직 이 정도의 영어도 못 알아듣는 실력이라 나는 영어랑 국어를 동시통역하듯 같이 말해주기로 했다. 이날부터 나와 아이는 일주일에 세 번 영어공부를 하기로 했다.

영어공부는 그래도 나름 다양한 방법을 사용했다. 어느 날은 비디오를 보면 따라 하기도 했고 어느 날은 영어 동화책을 읽기도 했다. 또 어떤 날은 배웠던 단어를 반복해서 보기도 했고 집 안 곳곳에 포스트잇으로 영어 단어를 써 붙이기도 했다. 나는 아이들이 잘 따라온다고 생각했다.

그러던 어느 날, 영어 동화책을 읽기로 한 날이었다. 한번 본 책이었는데 내가 한번 읽고 다음에 아이가 따라 읽고 있었다. 책을 읽던 도중 여러 번 공부했던 단어가 나왔길래 나는 아이에게 "이거 단어 무슨 뜻이야?"라고 물었다.

아이는 한참을 뚫어지게 보더니 잘 모르겠다고 했다. 나는 순간 화가 났다. "아니, 이거 몇 번을 했는데 왜 매번 기억이 안 나니? 이거 모르겠니? 잘 생각해봐!" 말을 하면 할수록 내가 말하는 톤이 높아지고 있었다. 나는 화를 내고 있었던 것이다.

나는 이러면 엄마 체면이 말이 아니니 속으로 화를 삭이며 다시 천천히 영어로 말했다.

"Son, please think again. You learned this English word a few days ago. What is it in Korea?"

그때였다. 옆에서 오빠 공부하는 것을 듣고 있던 둘째가 갑자기 소리쳤다.

"엄마, 영어로 말하지 마. 나 신경질 나!"

같이 공부하던 큰아이도 이때다 싶었는지 말을 보탰다.

"엄마, 나 차라리 학원을 갈래. 집에서 영어 소리 듣기 싫어. 짜증나고 스트레스 받아."

아이들은 집에서 하는 영어공부를 너무 싫어했는데 내 욕심에 미처 그것을 헤아리지 못하고 그냥 시키고 있었던 것이었다. 나는 이러다간 부모 자식 간에 사이만 나빠지고 가정불화만 생기겠다는 생각이 들었다. 그만큼 두 아이들의 표현이 강렬했던 탓이었다. 나는 그날부터 스스로 영어공부를 집어치웠다.

영어와 영어 동화책 대신 내가 아이들과 저녁 시간을 같이 보낸 것은 역사 만화책이었다. 나도 어릴 때부터 만화책을 엄청 좋아했다. 내 독서의 시작은 만화책이었기에 비록 만화책일지라도 종류를 가리지 않고 무슨 책이든 읽는 것이 좋다는 것이 내가 가진 독서 방법이었다.

되지도 않는 영어 말하기로 아이들과 거리가 멀어질 이유도 없고 아이들과 함께 보고 즐길 수 있는 도구로 나는 역사 만화를 선택했다. 아이들이 역사 만화를 사달라고 하면 나는 망설임 없이 샀다. 그래서 당시 우리 집에는 역사 인물 만화책, '호주에서 보물찾기' 류의 세계 탐험 역사 만화책, 마법 천자문, WHY 시리즈, 만화로 읽는 그리스 로마신화 등 각종 만화책이 순서대로 착착 구비되어 있었다. 아이들이 너무 자주 많이 사달라고 할 때를 대비해서 칭찬스티커나 집안일 거들기 같은 것으로 점수를 모으면 그 점수만큼 책을 사주곤 했다.

그 책들은 나도 아이들과 같이 읽었다. 같이 읽다 모르는 부분이나 과도하게 생략된 부분이 나오면 내가 먼저 아이들에게 얘기해주기도 했고 아이들이 나에게 '이건 왜 이렇게 됐어?'라고 먼저 물어오기도 했다. 그러면 나는 마치 옛날이야기를 해주는 것처럼 역사 인물 이야기나 역사 이야기를 해주곤 했다. 아이들에게 이것은 역사 공부가 아니었다. 그냥 옛날이야기를 듣는 것이었다.

드라마 '선덕여왕'이 방영될 때 아이들 둘 다 모두 초등학생이었다. 밤늦게 하는 드라마였지만 아주 완성도가 높고 재미가 있는 드라마라 우리 가족은 모두 같이 모여 '선덕여왕'을 시청했다. 선덕여왕이 방영되는 동안 우리는 가까이 있던 경주를 두어 번 방문했다. 드라마를 현실에서 느껴보는 시간을 갖고 싶었기 때문이다. 경주에서 신라 왕족의 옷 입기 체험도 하고 왕들의 무덤도 보고 첨성대도 구경하면서 같이 나눈 드라마 얘기와 신라 이야기에, 마냥 놀기만 하는 여행이 아니라 유익하고 즐거운 여행이 되었다.

나는 어설프게 영어나 수학을 엄마표로 시작했다가 곤혹만 치렀다. 치밀하게 준비되지 않은 엄마와 함께하는 영어공부와 수학공부는 가정의 화목을 망칠 수도 있고, 끈질긴 엄마의 부지런함이 뒷받침되지 않는다면 중도 포기하게 되는 경우가 아주 많다는 것을 그때 깨달았다. 나는 오랫동안 영어와 수학의 가정 학습을 할 만큼 준비된 엄마도 아니었고 지속적으로 가정 학습을 할 태도도 갖추지 못한채 마음만 성급했던 것이었다. 어설펐던 영어와 수학 대신 나는 역사를 가정 학습의 과목으로 선택했다. 그 시작은 아이들이 다가가기 좋아하는 만화와 옛날이야기였고 엄마와 함께하는 역사-옛날이야기는 우리 가족의 즐거운 공부놀이가 되었다.

옛날이야기처럼 시작한 엄마표 역사 놀이, 아이가 어려도 아이가 초등학생이어도 충분히 시작할 수 있다고 생각한다. 공부가 놀이가 되는 기적, 역사는 가능하다.

다른 과목 공부하기 바쁜
중학교, 고등학교

수능 시험의 등급은 모든 과목이 1등급부터 9등급까지의 9단계 등급으로 나누어져 있다. 절대 평가 과목인 한국사와 영어를 제외하고는 각 등급을 따는 인원이나 점수가 계량되어 정해져 있다. 1등급은 전체 학생 혹은 점수에서 상위 4% 이내에 포함되어야 하고 2등급은 전체 수능 응시 학생 수에서 누적으로 상위 11% 안에는 들어야 한다.

수능 등급	석차누적비율	수능 등급	석차누적비율
1등급	0~4%이하	6등급	60%초과~77%이하
2등급	4%초과~11%이하	7등급	77%초과~89%이하
3등급	11%초과~23%이하	8등급	89%초과~96%이하
4등급	23%초과~40%이하	9등급	96%초과~100%이하
5등급	40%초과~60%이하		

이 말은 개인 수험생이 전체 수험생들과 경쟁을 해야 한다는 의미이며 내가 몇 등을 했는지가 아주 중요하다는 말이다.

반면 이렇게 상대 평가를 하는 일반 과목들과는 달리 절대 평가를 하는 영어와 한국사는 내가 전체에서 몇 등인지 중요하지 않다. 내가 열심히 공부해서 등급에 해당하는 점수만 따면 누구나 1등급이 될 수 있다. 아마도 교육부에서 학생들의 공부에 대한 부담을 덜어주려고 문제를 쉽게 내는 것일 수도 있고, 어차피 등위를 구분할 필요가 없기 때문에 많은 학생들에게 기회를 주기 위해서 문제를 쉽게 내는 것일 수도 있다.

한국사가 수능 필수 과목으로 지정이 되기는 했지만 다른 과목들에 비해서 상대적으로 안정적인 점수를 따기가 쉽다. 아니, 안정적인 등급을 따기 쉽다고 해야겠다. 2017학년도에 한국사가 처음으로 수능 필수 과목으로 지정된 해는 지금보다 문제도 조금 더 어려웠고 학생들의 1, 2, 3등급 성취 비율도 조금 더 낮았었다.

수능 한국사 등급	등급컷점수(50점 만점)	2021학년도 성취등급 비율
1등급	40점	34.32%
2등급	35점	18.33%
3등급	30점	16.01%
4등급	25점	12.62%
5등급	20점	8.28%
6등급	15점	5.24%
7등급	10점	3.6%
8등급	5점	1.46%
9등급	5점 미만	0.13%

그때는 큰아이가 고등학교 3학년이 되는 해였다. 모든 제도가 처음으로 시행되는 때는 걱정과 우려가 대부분이긴 하지만 그래도 다른 수능 과목에 비해서 많은 공부를 할 필요가 없겠다는 생각이 들었었다. 그런데 지금은 대학생이 된 아이가 고3이던 2016년 어느 날 뜻밖의 말을 하는 것이었다.

"나는 이과생인데도 역사가 쉬웠거든. 그래서 따로 공부를 하지 않았는데 그래도 한국사 1등급 맞았어. 이건 다 엄마 덕분인 것 같아. 친구들은 한국사가 어려웠대. 그런데 한국사 공부를 따로 할 시간이 없다며 힘들어하는데 나는 그렇지 않으니까."

엄마 칭찬을 잘 하지 않는 아이가 던진 그 말에 나는 은근히 좋아진 기분을 살짝 감추고 아이에게 물었다.

"한국사는 그래도 좀 쉽게 나오지 않아? 웬만하면 1, 2등급은 다 맞는다고 하던데. 아이들이 어려워한다고 하니 좀 의외다."

내 말에 아이는 다음과 같이 말하여 주었다. 문과 학생들은 한국사가 쉬운 과목이고 공부 분량이 많이 없을지도 모르지만, 늘 수와 공식과 기호를 다루는 이과 학생들에게 한국사는 교과서와 글자만으로도 부담이고 온통 암기해야 할 것 투성이로 여겨진다고. 암기보다는 이해와 논리가 주가 되는 공부에 익숙해 있다 보니 어느새 한국사가 암기를 왕창 해야 하는 부담되는 과목으로 느껴진다고. 그래서 선택 과목일 때 보다 필수 과목으로 지정된 지금이 더 스트레스를 받는 다는 것이었다.

이 말을 들은 나는 의외였으며 한편으로는 다행이라고 생각했다. 왜냐하면 다행히 우리 아이는 어릴 때부터 역사와 친숙해 있어서 부담과 걱정으로 한국사를 대하지 않았기 때문이다.

그러면서 이런 생각이 들었다. "고등학교 가서는 국·영·수만으로도 바쁜데 역사까지 공부하려면 정말 시간이 없을 텐데. 역사 과목은 고등학교 입학 전, 초등학교나 중학교에서 충분히 익숙해지면 좋겠다."

현재 우리나라 대학 수학 능력 시험에서 한국사의 비중은 필수임에도 불구하고 그리 높지 않다. 문제가 쉽게 나오는 편이어서 과반 이상의 학생들이 안정적인 등급인 3등급을 맞고 있다. 하지만 여전히 누군가는 한국사 과목으로 스트레스를 받고 있을 수도 있다. 특히 이과 학생들은 큰아이의 말마따나 숫자로 나와 있는 것보다 더 부담을 느낄 수도 있겠다는 생각이다. 바쁜 고등학교 시절 한 과목이라도 시간을 줄여주고 부담을 덜어주면 좋겠다. 어릴 때 친해진 한국사가 그 역할을 할 수 있다.

03

스토리는
힘이 세다

꽤 오래된 드라마지만 최고 시청률 55.5%를 기록한 국민 드라마가 있다. 바로 대장금이다. 인기 드라마 대장금 21화에는 이런 이야기가 나온다.

중종과 중전, 대비마마는 수라간 최고 상궁을 뽑기 위해서 요리 경합을 벌였다. 경쟁 상대인 한 상궁과 최 상궁의 실력이 아주 비슷했기 때문에 공정한 심사를 하기 위해서였다. 경합은 전채요리, 주요리, 후식을 각각 주제를 가지고 요리하여 심사위원인 임금, 중전, 대비마마께 선보이는 것이었다. 하지만 어떤 사건으로 한 상궁이 마지막 경합에 참석하지 못했고 대신 장금이가 최 상궁과 경합을 벌였다.

경합의 마지막 주제는 "주상에게 올리고 싶은 최고의 음식"이었다. 모든 경합이 끝난 후 심사위원 중 최고의 파워를 가졌던 대비마마가 물었다.

"오늘 너희들이 올린 음식 중 최고의 음식은 무엇이었느냐?"

최 상궁은 메인 요리로 선보였던 연저찜(새끼 멧돼지찜)을 최고의 음식이라고 소개했다. 워낙 맛이 있었던 요리였기에 최 상궁의 연저찜이라는 대답에 모두들 수긍을 하는 분위기였다. 장금이는 요리를 잘한다고는 해도 아직은 한 상궁이나 최 상궁의 실력에 비할 바는 아니어서 음식 자체로는 특별히 시선을 끌기에는 아직 역부족이었다. 그런데 장금이는 대비마마의 이 질문에 마지막으로 내놓은 후식인 산딸기정과라고 대답하였다. 대비마마를 포함한 경합 자리에 있던 사람들은 도대체 왜 장금이가 딱히 특별해 보이지 않았던 산딸기정과를 최고의 음식으로 꼽았을까 궁금해하였다. 장금이가 그 궁금증을 다음과 같은 대답으로 풀어주었다.

"산딸기는 제 어머니가 돌아가실 때 제가 마지막으로 먹여드린 음식이옵니다. 다치신 채 아무것도 드시지 못하는 어머니가 너무도 걱정스러워 산딸기를 따서 혹 편찮으신 어머니가 드시지 못할까 씹어서 어머니의 입에 넣어드렸습니다. 어머니께서는 그런 저의 마지막 음식을 드시고 미소로 화답하시고는 떠나셨습니다. 전하께서는 만백성의 어버이이십니다. 비록 미천한 음식을 먹고도 미소로 화답하셨던 제 어미처럼 만백성을 굽어살펴 주시옵소서. 제 어미를 걱정하는 마음으로 전하께 음식을 올렸사옵니다."

경합의 승자는 누가 되었을까?

드라마의 주인공인 장금이가 최 상궁을 이겼다. 장금이가 순전히 요리 솜씨 때문에 경합에서 이겼을까? 분명히 아니다. 장금이가 산딸기와 어머니에 얽힌 이야기를 하는 순간 이미 게임 셋! 승자는 불 보듯 뻔한 것이었다. 무엇 때문이었을까? 해답은 바로 "스토리텔링" 이었다.

사실에 서사를 입히면 이야기 즉, 스토리가 된다. 팩트는 임팩트를 주지 못한다. 오래도록 기억되는 임팩트를 주기 위해서는 팩트에 임팩트가 있는 스토리를 입혀야 한다. 사실을 가장 오랫동안 기억시키는 방법이 스토리라고 한다.

인기 예능 프로그램이었던 '알쓸신잡(알아두면 쓸데없는 신비한 잡학사전)'에서 작가 김영하는 "이야기란 인간이 어떤 대상을 잘 기억하기 위해서 만든 장치"라고 하였다. 이야기를 통하면 어떤 사물이나 사실을 기억하기 쉬우며, 기억한 사실들을 쉽게 결부시킬 수 있고 이를 통하여 교훈을 얻기에도 용이하다고 하였다.

그래서 우리는 수많은 것들을 이야기로 전해 오고 있다. 그리스 로마신화에 나오는 수많은 식물과 동물의 이야기, 효에 대한 심청이의 이야기, 우리나라 건국에 대한 단군신화 이야기, 삼국시대에 얽힌 수많은 역사적 사실은 삼국유사라는 이야기를 통해 오늘날까지 전해져 오고 있다. 우리는 신라 시대 명재상이었던 박제상은 몰라도 그를 기다리다 돌이 되었다는 그의 부인 이야기인 망부석 이야기는 알고 있다. 이처럼 이야기는 힘이 센 것이다.

그리스 로마신화 하고만 친하지 말자. 심청이와 콩쥐팥쥐만 옛날 이야기가 아니다. 반만년에 이르는 우리의 역사를 이야기로 만들어 우리 아이들에게 들려줄 수 있다. 아이들이 어렸을 때 들은 이야기가 나중에 학교를 갔더니 역사책에서 나온다면 우리 아이들이 얼마나 신기해하고 기뻐하고 자신감을 얻을까?

엄마들은 원래 이런저런 이야기를 잘 만든다. 숱한 '수다'와 '카더라'로 단련돼 왔다. 이제 그동안 나도 모르는 새 훈련된 '수다'와 '썰' 푸는 능력을 우리 아이들만의 이야기꾼으로 변모하는 데 사용해 보자. 책으로 읽는 이야기보다 엄마를 통해 귀로 듣는 이야기가 더 힘이 셀 것이다. 엄마가 모르는 내용이라면 먼저 책을 읽고 검색하여 이해를 한 후 우리 아이들에게 옛날이야기처럼 조곤조곤 이야기해 주자. 이것은 일석삼조의 효과를 가져다줄 것이다. 첫째는 아이에게 역사 옛이야기를 해주기 위해 먼저 검색하고 이해하니 엄마의 역사 실력이 향상되는 것이요, 둘째는 평소 갖고 있던 수다의 내공이 스토리텔링과 스토리메이킹 실력자로 업그레이드될 것이며, 셋째로는 '이거 해라' '저거 해라' 혹은 '이건 하지 마라' '저것도 하지 마라'라는 말을 자주 하던 엄마가 재미난 전기수(조선 시대 이야기꾼)가 되어 우리 아이가 엄마의 이야기를 기다리게 될지도 모른다는 것이다.

이야기는 힘이 세다. 엄마는 아이와 가장 많은 시간을 보내는 사람이다. 엄마가 해주는 이야기는 그래서 더 힘이 세다.

04

휴가 코스에 역사 유적지가
늘 포함되었던 우리 집

암스테르담에서 안네의 집을 방문한 이후 나는 여행이 가장 좋은 학습법 중의 하나라는 것을 확실히 터득하게 되었다. 이것은 교육학자들이 익히 다 알고 있는 방법이었다. 그래서 우리 교육은 이른바 현장학습, 체험학습이라는 것을 장려하고 공교육에서도 포함하고 있는 것이다.

나는 가족 여행이나 휴가를 계획할 때는 역사 유적지를 꼭 한 곳 정도는 포함하게 되었다. 놀면서 자연스럽게 역사 지식을 스며들게 하기에는 여행만 한 게 없기 때문이다.

전국에 있는 많은 사찰과 박물관과 유적지를 방문하였다. 사찰이나 박물관은 아이들의 시선에서 보면 거의 비슷하기 때문에 처음 몇 번은 내가 해주는 이런저런 이야기를 재미있어 하였다. 하지만 몇 번 반복이 되니 아이들도 조금씩 지겨워하였다. 이런 난국을 타개하기 위해 역사 유적지 다음 코스는 항상 아이들이 좋아하는 놀이동산이

나 체험장 방문으로 계획을 짰다. 동기가 없으면 아이들의 자발성을 이끌어내기가 너무도 어렵다는 것을 세상의 모든 엄마들은 이미 알고 있다.

요즘에는 시설들이 많이 발달하였고 많은 사람들의 참여를 유도하기 위하여 재미와 흥미를 끌 만한 요소들이 문화 유적지, 역사 유적지에도 많이 포함되어 있다. 참 고무적인 일이 아닐 수 없다. 예를 들어 남산골 한옥마을을 간다면, 주리틀이나 형장 같은 기구가 있어서 직접 앉아 보거나 누워 볼 수도 있고 전통 놀이 기구가 있어서 놀면서 옛 양반집을 구경하면 된다.

박물관은 거의 다 어린이 박물관을 두고 있어서 박물관에서 유물도 보고 어린이 박물관에서 직접 유물과 관련된 체험도 한다. 아이들의 시선을 끌고 방문을 장려하기 위한 여러 장치들이 많이 만들어져 있다. 문화해설사 제도도 지방자치단체에서 잘 운영하고 있기 때문에 재미있는 해설을 무료로 들으면서 짧은 시간 안에 유적지를 둘러보는 것도 가능하다.

거창하게 멀리 있는 유명한 곳만 방문할 필요는 없다. 우리나라는 오 천년의 오랜 역사를 가진 나라라서 웬만한 지역 어지간한 곳에는 역사와 관련된 유적, 유물이 없는 곳이 없다. '나의 문화유산답사기'로 유명한 유홍준 전 문화재청장은 그래서 우리나라를 '전 국토가 박물관'인 나라라고 하였다. 살고 있는 곳을 조금만 관심 있게 둘러보면 비석 하나 서원 하나 없는 곳이 없다. 짬짬이 나는 시간에 아이들과 동네 근처에 있는 유적지, 명승지를 다녀 보면 나중에 아이들이 초등학교에 진학하고 나서 사회 교과 학습에도 큰 도움이 된다는 것을 알게 될 것이다.

책상에 앉아서 책만 보는 것이 공부인 시절은 지났다. 지금은 보는 것, 듣는 것, 가는 것이 곧 경험이요 공부인 시대이다. 휴가라고 해서 반드시 바다와 산만 가야 하는 건 아니다. 휴가도 창의적으로 다채롭게 꾸며보자. 의외의 효과를 얻을 수 있을 것이다.

3

엄마는 이렇게
역사와 친해졌다!

01

만화와 드라마 '토지'에
빠져있던 학생

어릴 적 내 주된 놀이터는 만화방이었다. 갖고 놀 것도 가서 놀 데도 충분치 않던 시절이었다.

특별한 날 용돈이 생기면 내가 항상 쫓아갔던 곳은 동네 만화방이었는데 지금 보면 일본만화를 고스란히 번역한 '유리가면' 같은 순정만화, '공포의 외인구단' 같은 스포츠 만화, 신일숙과 황미나로 대표되는 한국 순정만화 등 장르를 가리지 않고 닥치는 대로 읽었다. 아, 무협은 빼고.

그렇게 닥치는 대로 읽었던 만화 중에 역사를 소재로 한 만화가 꽤 많았다.

초등학교 시절 나를 매료시켰던 '나일강의 소녀' 시리즈. 어린 십대 초반의 소녀에게 이집트라는 나라의 역사에 대하여 일깨워 주었다. 나중에 일본만화라는 것을 알고 배신감에 소름이 돋았지만.

지금도 가장 사랑하고 존경하는 만화가인 황미나 작가의 작품을 보면서 프랑스의 역사, 영국의 역사, 오스트레일리아 개척 역사에 대하여 흥미를 느끼게 되었다. 당시 순정만화는 역사를 소재로 한 작품이 아주 많았다. 그것도 유독 중세와 근세 유럽의 역사가 소재로 많이 채택되곤 했다. 덕분에 위그노 전쟁, 30년 전쟁, 청교도 혁명, 프랑스 혁명, 러시아 혁명 같은 서양의 역사가 낯설지 않았을 뿐 아니라 고등학교 세계사 시간에 세계사와 친근하게 놀 수(?) 있었다.

왜 만화가들은 우리나라 역사를 소재로 하지 않고 남의 나라 역사를 소재로 만화를 그릴까? 하고 읽으면서도 궁금했었는데 나중에 좀 더 커서야 이해를 할 수 있었다. 검열과 감시가 심했던 80년대에 한국 역사를 묘사하고 자유롭게 대사를 그릴 간 큰 작가는 많지 않았으리라. 이 때문에 나의 유년 시절은 한국사보다는 유럽의 역사와 더 친해지게 되었다.

한국사가 내 인생에 자연스럽게 스며든 계기는 만화보다는 드라마였다.

우리나라 웬만한 아버지들이 그러하듯 우리 아버지도 사극을 무척 좋아하였다. TV도 한 대밖에 없던 시절, 채널 선택권은 당연히 아버지에게 우선권이 있었고 우리는 어쩔 수 없이 사극을 강제 시청하였다. 하지만 강제 시청이라고 하기엔 사극이 너무 재미있었다.

김혜수 배우가 주인공으로 나왔던 '사모곡', 정보석 배우가 사도세자로 분했던 '하늘아 하늘아', 전인화 배우가 장희빈으로 나왔던 '조선왕조 오백년 - 인현왕후' 등 아주 오래된 드라마들이지만 내 10대

시절과 함께 한 애청했던 사극들이다. 특히 '조선의 왕들과 궁궐의 이야기를 엿볼 수 있었던 '하늘아 하늘아'(영조와 사도세자)와 '조선 왕조 오백년 - 인현왕후'(숙종과 환국정치)는 여인의 삶을 주로 그리긴 했지만, 드라마를 보면서 자연스럽게 시대상과 조선 왕들의 치세를 접하게 되었는데 드라마 덕분에 조선 시대가 훨씬 더 가깝게 느껴졌고 중학교에서 국사 교과서를 받자마자 드라마에 나왔던 부분을 일부러 찾아 미리 읽어보곤 하였다.

아버지 덕분에 사극의 재미를 알게 되었는데 학창 시절 그 정점은 드라마 '토지'였다.

'토지'는 박경리 작가의 대하소설이다. 너무나 유명해서 두 번 말할 필요도 없는 대한민국의 대표 소설이다. '토지'가 1987년부터 3년 동안 KBS 대하드라마로 방영되었다. '토지'가 드라마로 방영된 시점은 내가 고등학교에 다닐 때였는데 드라마를 마냥 드라마로만 보기보다 학교에서 배운 역사를 드라마의 시대와 대입해보며 일종의 짝짓기를 하면서 볼 수 있던 때였다.

또한 마냥 어린 초등학생이 아니었기에 아버지는 같이 '토지'를 보면서 자신이 느낀 이런저런 것들을 이야기하기도 하였다.

토지는 1897년 대한제국이 성립되는 때부터 이야기가 시작되어 을사늑약과 한일병탄을 거쳐 만주에서 펼쳐진 독립운동, 일제 강점기 치하 일제의 폭압과 탄압 그리고 처절했던 우리 민족의 고통스러운 삶을 제대로 조명해낸 소설이다. 당시 방영된 드라마는 소설을 제대로 구현하였기에 지금까지도 잘 만든 드라마로 칭송받고 있다.

사춘기를 한창 보내고 있던 나는 주인공 최서희와 김길상의 러브 스토리를 위주로 드라마를 보긴 했지만, 드라마 전반에 깔린 시대상이 시청하는 나에게 묻어나오지 않을 수 없었다. 일제의 폭압과 구한말 곤궁한 백성의 삶에 대한 이해가 드라마를 보는 동안 자연스럽게 내게 스며들었다. 뿐만 아니라, 일제 강점기에 태어나고 일제의 폭압이 가장 심했던 시기에 십 대를 보냈던 아버지는 그 누구보다 몰입하여 드라마를 시청하였고 묘사된 장면들에 대하여 때로는 "왜놈들이 얼마나 지독했다고!"라든가 "나는 저거는 잘 모리겠네."라든가 하는 추임새를 넣으면서 당시의 시대에 대한 설명을 자식들에게 곁들이기도 하였다.

부모와 자식이 같이 같은 드라마를 시청하면서 감정을 나누고 서로의 시대를 알아가고 이해하는, 지나고 보니 더없이 소중한 시간이었다.

아버지가 말한 억압의 시대를 드라마를 통해 간접 체험하면서 내가 독기 품은 최서희가 되기도 했고, 한 맺힌 봉순이가 되기도 하였다. 주말에 드라마를 본 후 저절로 외워진 최서희와 봉순이의 대사를 학교에서 혼자 연극 하듯 떠들며 드라마 줄거리를 친구들에게 이야기해 주기도 하였다.

이런 것을 드라마가 방영되는 3년 동안 하다 보니, 구한말의 시대와 그 시대를 산 사람들의 감정이 나도 모르는 새 내 안에 들어온 것 같았다. 나는 내 친구들보다 더 그 시대를 살았던 사람들을 잘 이해하게 되었고 시대에 아파하고 기뻐하는 사람이 되어간 것 같았다.

부모와 함께하는 TV 시청, 이야기를 보면서 자연스럽게 녹아든 역사가 아마 이 무렵에 확실해진 건 아닐까?

02

외국계 회사를 다니며
경험했던 것들

내가 다녔던 회사는 전 세계 여러 곳에 법인이 있던 다국적 회사여서 다른 나라 사람들과 자연스레 소통할 일이 많았다. 많이 접촉하였던 나라는 같은 아시아 국가였던 중국, 싱가포르였고 서양 국가 중에서는 덴마크, 러시아, 미국과 업무상 소통을 종종 하곤 했다.

거의 이메일로만 소통을 하곤 했는데 외국 동료들을 직접 대면하는 경우도 있었다. 1년에 한 번 정도 같은 부서에 소속된 전 세계에 흩어져 있는 동료들을 만나러 해외 출장을 간 적이 있었고, 다른 나라에서 근무하는 직원들이 회의차 한국에 오는 경우도 많이 있었다. 이때 회사는 한국에 출장 온 친구들을 위한 저녁 회식 자리를 마련하는 것이 일종의 관례였다. 비록 업무적으로 긴밀한 위치는 아니었지만 나는 그 자리에 초대받아 배석하는 경우가 종종 있었다. 그럴 때면 나는 외국 동료들과의 회식 자리를 함께한다는 기쁨과 함께 영어로 긴 시간 이야기해야 한다는 부담감을 같이 안고 회식에 참여하곤 했다.

유럽 사람들은 저녁을 참 오래 먹는다. 물론 출장을 온 동료를 위한 자리여서 밥과 술을 겸하다 보니 보통의 식사보다 회식 자리가 길긴 했지만 그럼에도 불구하고 유럽에서 온 동료들은 참 밥을 오래도록 먹었다. 그 친구들은 밥만 먹는 것이 아니라 여유를 두고 환담을 즐기기 위해 밥을 곁들이는 것 같았다. 그러다 보니 이런저런 이야기가 많이 나올 수밖에 없었다.

처음 시작되는 주제는 그날 했던 회의 이야기, 방문했던 고객 이야기, 회의에서 미처 해결하지 못한 궁금증 등 주로 업무와 관련된 것이 많았다. 그러다가 업무 이야기를 다 하고 나면 화제는 일상의 소재로 넘어가게 되어있다. 일상의 소재는 아주 다양했다. 날씨부터 시작해서 당시 인기리에 상영되는 영화, 오늘의 음식에서 출발한 자기 나라의 음식들, 교육에 대한 이야기까지 오랜 시간 동안 식사를 하다 보니 참으로 다양한 주제가 밥상머리에 대화의 소재로 올라왔다.

어쩌다 보면 대화가 역사로 흘러 들어가는 경우가 간혹 있었다. 자기 나라의 현재 상황을 이야기하다 보면 현재의 이유를 설명해야 했고, 이유를 설명하다 보면 자연스럽게 현재의 토대가 되었던 역사를 이야기할 수밖에 없는 것이다.

한 친구가 이런 질문을 해왔다.

"한국은 일본하고 사이가 많이 안 좋은 것 같던데, 일본에게 지배당해서 그런 거야?"

이 물음에 회식에 배석했던 한 상사가 일본이 36년간 우리나라를 악독하게 지배하고 괴롭혀서 그때 맺힌 한 때문에 우리는 일본을 별로 좋아하지 않는다고 말했다. 그러자 이 질문을 한 외국 친구가 다시 질문을 이어갔다.

"하지만 그건 과거잖아. 지금 일본은 잘 나가는 경제 대국이고 이웃 나라인데 사이좋게 지내야 하는 것 아니야?"

아까 대답을 했던 상사는 이렇게 말을 이었다.

"일본이 우리를 지배하는 동안 너무 혹독하게 했어. 우리 할아버지, 아버지에게 어릴 때부터 그 이야기를 들은 우리는 복수심 비슷한 걸 갖게 되어서 일본이 좋아지지가 않아. 마치 독일과 폴란드처럼."

자세한 것까지 기억은 안 나지만 대화는 이런 비슷한 이야기로 마무리되었던 것 같다.

이 대화가 오고 갈 때, 나는 참견을 하고 싶었다. 왜냐하면 중요한 핵심이 빠졌다는 생각이 들었기 때문이다. 내가 이야기하고 싶었던 것은, 가까운 이웃인 일본과 사이가 안 좋은 가장 큰 이유는 일본이 우리에게 진심 어린 사과를 하지 않았다는 것이었다. 과거에 잘못을 했더라도 사과와 배상이 뒤따랐다면 우리는 아마 막연한 복수심(?)보다는 과거에 대한 앙금이 남은 정도였을 것이다. 하지만 현실에서 일본은 전혀 그렇지 않았다.

나는 이런 이야기를 그 자리에서 하고 싶었다. 하지만 그때 나는 나이도 어렸고 직책도 낮았으며 대화를 주도할 만한 영어 실력도 모

자랐다. 나는 더 깊은 역사적 대화로 이어졌을 경우 이어지는 질문과 대화에 대응할 만큼의 역사적 지식을 갖추고 있지 못했기 때문에 주저하기만 할 뿐 자신 있게 "아니다. 다른 이유도 있다!"라며 대화에 참여하지 못했다.

이후로도 외국 동료들과 만남은 물론 여러 번 더 있었다.

한번은 중국에 출장을 간 일이 있었다. 아시아 지역의 직원들이 모여 회의를 하는 자리였다. 거기에는 대부분의 중국 직원과 한국인인 나, 싱가포르, 말레이시아 직원이 유럽 직원 한 명과 함께 있었다.

우리는 또 회식을 하였다. 맛있는 중국 음식을 앞에 두고 같은 아시아인끼리 통하는 많은 이야기를 나누었다. 어쩌다 보니 대화가 구한말 시대로 흘러갔다. 중국이 한반도에 와서 이런저런 간섭을 할 당시였다. 그때 중국 지사에 근무하는 직원이 나에게 물었다. 위안스카이를 아냐고? 나는 당연히 안다고 했다. 그랬더니 그 중국 직원은 좀 놀라는 듯했다.

"위안스카이가 한때 조선에서 총독 같은 지위에 있었고 조선 임금이 위안스카이에게 보고하는 위치여서 한국은 위안스카이에 대하여 지금 교육하지 않는다고 들었는데 네가 위안스카이를 알다니, 너는 공부를 많이 하는구나."

중국 동료가 하는 말에 나는 더 놀랐다. 한국이 위안스카이에 대하여 가르치지 않는다니! 물론 국사 과목에서 진짜 아주 조금 언급되기는 한다. 하지만 배우지 않는 것은 아니었다. 게다가, 조선 임금이 위안스카이에게 보고를 했다니! 나는 처음 들어보는 이야기였다. 내 중국 동료는(그는 정말 좋은 친구였다. 합리적이고 배려심 있고 착하고. 하지만 가끔 아주 좋은 친구도 하나쯤 삐끗하는 경우가 있다) 자기가 아는 구한말 당시의 정세를 이야기하며 우리나라를 우습게 생각했고 위안스카이를 대단히 여겼다.

나는 밥 먹은 것이 체하는 것 같았다. 뭔가 이건 아닌데, 확실하게 그거 아니다, 네가 잘못 알고 있다고 구체적 사실을 들어가며 말해주어야 하는데, 솔직히 말해서 나는 당시에 강화도 조약 이후와 한일병탄까지 벌어진 복잡다단한 역사에 대하여 잘 알지 못하고 있었다. 그래서 그 친구 말에 확실히 반박할 수도, 그의 말을 수긍할 수도 없었다. 다만, 내가 알기론 그건 아니다, 네가 뭔가 잘못 알고 있을 수도 있다, 나도 자세히 알아봐야겠다는 말을 할 수밖에 없었다.

외국 동료들과 회식이든 회사에서 하는 사석의 담화이든 내가 느낀 건, 우리는 키워드 중심의 단편적 지식을 주로 외워서 공부를 하다 보니, 우리의 것을 이야기할 때는 뭔가 충분치 않고 부족하다는 생각이 드는 경우가 몇 번 있었다는 것이다. 이런 경우를 몇 번 경험하면서 나는 생각했다.

"역사는 한번 배우고 마는 것이 아니라, 계속해서 되새기고 곱씹어 보고 현재와 연결해서 원인과 결과를 되짚어 보아야 하는 거구나. 그리고 역사는 시험 점수, 학교 성적을 위한 공부가 아니라 현실에서 살아가는 데 더 도움이 되는 학문이구나. 역사를 잘 모르면 외국이나 외국인에게 우리나라에 대한 잘못된 인식을 심어줄 수도 있겠구나. 다음에 외국 동료들과 회식과 대화를 위해서라도 역사 공부를 좀 더 많이 해야겠다."

드라마 덕분에
역사와 더 가까워졌다

사극을 좋아하던 아버지 덕분에 어릴 때부터 사극에 익숙해졌었다. 고등학교를 졸업하고 성인이 된 후에도 그리고 결혼을 하여 TV 채널 점유권을 내가 독차지하게 된 이후에도 사극은 내가 소비하는 주요 콘텐츠 중 하나였다.

1990년대 말부터 2000년대는 가히 사극이 전성기를 누리던 시대였다. TV에는 볼만한 사극 프로그램이 문전성시를 이루었다. 작품성이 높았을 뿐만 아니라 화제성도 아주 높았다.

1996년부터 방영된 KBS 대하드라마 <용의 눈물>은 아버지와 어머니와 온 가족이 함께 다닥다닥 붙어 앉아 시청을 하였다. <용의 눈물>을 보아야 주말을 무사히 다 보낸 것 같았다. 훨씬 어릴 때부터 아버지 옆에서 사극을 자의 반 타의 반으로 보아왔지만 <용의 눈물>은 아버지가 아니었더라도 내가 알아서 프로그램 방영 시간에 맞춰 TV 앞에 앉을 만큼 재미가 있었다.

<용의 눈물>은 고려말부터 시작하여 조선 건국을 거처 왕권의 안정을 이룬 태종과 세종대왕의 등극 과정을 총망라하여 그린 드라마였다. 드라마를 보면서 혼란스러웠던 고려말의 역사와 다사다난했던 조선 초기의 역사가 전반적으로 이해가 되었다. 굳이 암기하지 않아도 얽히고설킨 사건들이 시간의 순서대로 전개가 되면서 사건의 원인과 결과가 드라마를 보면서 익혀지니까 드라마가 더 재미있었다. <용의 눈물>을 보면서 조선 초기의 역사를 한번 숙지하고 나니 다음에 유사한 내용을 공부할 때 공부가 너무 쉬웠다. <용의 눈물>은 요즘 유행하는 퓨전 사극이 아닌 정통역사극이기 때문에 더욱 그러하였다.

　<용의 눈물> 이후 사극에 본격적으로 맛을 들린 나는 웬만한 사극을 다 섭렵하였다.

　역시나 공전의 히트를 기록한 <태조 왕건>을 보면서 익숙지 않았던 후삼국 시대와 고려 건국의 역사를 접하고 어느 정도 익숙하게 되었다. 약간은 퓨전 사극 형식을 띠긴 했어도 MBC 사극 <선덕 여왕>은 신라 시대와 신라의 삼국통일을 다룬 희귀한 사극으로 신라라는 나라를 이해하고 나중에 삼국시대를 공부할 때 이해를 도와주는 바탕이 되었다. <여인 천하>라는 SBS 드라마는 그동안 사극에서 잘 다뤄지지 않았던 중종, 조광조, 문정 왕후, 정난정, 을사사화를 소재로 삼은 역사 드라마였는데, 그때 드라마를 보면서 익혔던 조광조의 개혁과 을사사화는 이후 중종 대의 역사를 배우는 데 정말 큰 도움이 되었다.

최근에는 사극의 트렌드가 많이 바뀌었다. 1990년대 말과 2000년대에는 주로 정통 사극에 가까운 드라마였다면 2010년대 이후로 퓨전 사극 비중이 조금씩 높아지고 있다. 여기서 말하는 퓨전 사극은 역사 속 사실 하나에 힌트를 얻어 가상의 인물, 가상의 사건을 역사적 사실과 엮어 드라마적인 요소를 가미하여 재미를 최대화한 것과, 실제 역사와는 전혀 상관이 없지만 시대적인 풍경과 분위기만을 차용하여 만든 것을 말한다.

퓨전 사극의 첫 번째 분류에 속하는 드라마로는 <추노> <대장금> <뿌리깊은 나무> 등이 있다. 이 드라마들을 보면서 나는 '작가는 과연 천재다'라는 생각을 하게 되었다. 이런 류의 드라마를 쓰려면 역사도 알아야 하고 상상의 나래도 펼쳐야 하며 사실과 상상을 개연성 있고 재미도 있게 전개하는 능력도 있어야 하는데, 방금 말한 세 드라마는 이 모든 것을 다 갖춘 드라마이다. 이 드라마들을 보면서 인조 임금 시절, 중종 임금 시절, 세종 대왕 시절이 궁금해서 다시 찾아보게 되었다. 잘 만들어진 드라마는 시청자들에게 드라마 속 내용이 실제 역사인지 아닌지 찾아보게끔 만드는 힘이 있다. 내가 역사를 좋아하고 매력을 느낀 이유 중의 하나이다. 드라마가 재미있어서 내용의 진위를 확인하기 위해서 그리고 뒤의 내용이 궁금해서 책을 찾아보고 인터넷을 검색하곤 하였다.

근래에는 <해를 품은 달> <연모>처럼 배경과 의상만 조선 시대를 빌어올 뿐 내용은 역사와 아무런 상관이 없는 퓨전 드라마가 많이 방영되고 있다. 역사를 좋아하는 사람으로선 안타까운 지점이다. 정통 사극은 제작비도 많이 들고 방영 기간도 길다 보니 요즘에는 이런저런 사유로 제작을 많이 안 하는 것 같다.

내가 역사를 좋아하게 된 이유 중 하나는 드라마가 재미있었기 때문이고 재미난 드라마의 내용과 결말이 궁금해서 스스로 검색하여 찾아보다 보니 더 흥미를 느꼈기 때문이다. 이것이 스토리텔링의 힘이라고 생각한다. 역사를 책과 수업을 통해서만 익혔다면 영어나 수학과 별반 다르지 않았을 것이다. 하지만 극을 통해서 접하다 보니 나에게 역사는 공부이기 이전에 그냥 이야기였다.

정통 사극과 사실에 바탕을 둔 퓨전 사극이 조금씩 줄어들고 있는 요즘, 아이들과 엄마들이 역사에 관심을 덜 가지고 멀리하게 될까 봐 조바심이 난다. 그리고 퓨전 사극에 나오는 내용이 진짜 역사인 것으로 착각하고 믿을까 봐 걱정도 된다. 재미있는 정통 사극이 다시 돌아왔으면 좋겠다.

04

독서토론 모임에서
역사를 배우다

아이를 키우는 데는 어마어마한 육체적 에너지가 소모된다. 아이가 어려서 활동량이 많을수록 그러하다. 퇴근 후 저녁이면 낮에 못본 엄마와 같이 놀아야 한다는 의무감을 가진 우리 아이는 나에게 "놀자" "오늘 많이 못 놀았다."라는 말을 자꾸 하면서 장난감과 축구공과 책을 바꿔가며 잔뜩 들고 오곤 하였다.

주말에는 아침밥을 먹자마자 운동장에 공놀이, 술래잡기, 인라인스케이트, 달리기 같은 몸을 많이 쓰는 놀이를 하러 나가야 한다. 아이들의 에너지란 정말 감당이 안 되는 수준이었다. 이렇게 하루를, 일주일을 보내노라면 엄마인 나를 위한 온전한 시간이 전혀 없다. 취미라는 게 무엇인가? 혼자만의 시간은 조선 시대 이야기인가? 그 정도로 정신없는 나날이었다.

책을 좋아하던 나는 무엇이든지 활자를 읽고 싶었는데 이 시기에 읽은 책은 주로 연애소설이었다. 한동안 말랑말랑한 연애소설만 계속 읽다 보니 한 가지 문제가 생겼다. 시간이 흐르고 아이들이 좀 커서 물리적 시간이 생겼지만, 나의 눈과 뇌는 말랑말랑한 문체의 활자에 그만 익숙해져 버린 것이다. 좀 더 어렵고 딱딱한 소설, 인문과학, 사회과학 책을 읽으려니 두뇌가 사고하기를 원치 않았다. 사람은 몸이나 머리나 그저 편한 것을 추구하는 것이 인지상정인가 보다. 나의 지성과 아이들의 교육을 위해서라도 좀 더 생각과 고민이 필요한 책을 읽어야 하는데 혼자서는 쉽지 않았다. 혼자서 무엇이든 뚝딱해내는 사람만 있다면 세상에 무슨 무슨 아카데미, 무슨 무슨 학원이 왜 필요하겠는가! 사람이란 굳이 돈과 시간을 써가며 자신을 옥죄여 조직에 들어가 목적하는 바 어떤 것을 배우거나, 이루거나, 성취하는 사회적 동물인 것이다. 이런 듣기 좋은 말들로 스스로를 위안하면서 나는 가까운 곳에 참여할 만한 독서 클럽을 찾아보았다.

어느 틈엔가 독서 모임, 독서 클럽이 아주 활성화되었다. 참 좋은 현상이다. 독서 인구는 줄고 있다고 하지만 과거에 비해 독서 모임은 많이 늘었다고 한다. 독서 클럽 스타트업 '트레바리'는 2015년 40명의 회원으로 사업을 시작했는데 4년 뒤 2019년에는 4,600명으로 회원이 증가했다고 한다. 비록 한 독서 스타트업의 수치이지만, 독서 클럽에 대한 전반적인 흐름을 보여주는 수치라고 하겠다.

하지만 내가 독서 클럽을 찾을 당시에는 찾기가 만만치 않았다. 알음알음으로 아는 사람끼리 독서토론 모임을 하긴 했지만 내가 원하는 시간 원하는 종류의 모임을 찾기 어려웠다.

그러던 찰나, 드디어 나는 주로 역사와 관련된 책을 읽는다는 독서 모임을 발견할 수 있었다. 8명 정도의 사람이 있었던 것으로 기억한다. '위대한 우리'라는 이름을 가진 독서 클럽에서는 한 달에 한 번 역사와 관련된 책-소설이든, 인문/사회과학이든 장르는 구분하지 않았다-을 읽고 발제를 하고 발제에 맞게 토론을 하였다. 책을 꼭 다 읽어 와야 했고, 발제를 맡은 사람은 발제하고 발제문을 참여 인원에 맞는 부수만큼 출력해와야 했다. 나름 정제된 규칙을 가진 자리를 잘 잡은 독서 클럽이었다.

8명의 '위대한 우리' 멤버들의 역사적 지식과 소견의 수준은 아주 다양했다. 나는 그중에서 중간에서 약간 아래쪽을 담당하는 수준이었다. 모임의 절반인 4명은 역사 공부를 혼자, 혹은 학교에서, 혹은 다른 모임에서 이미 많이 한 사람들이어서 어떤 시기의 역사책을 갖고 오더라도 발제의 수준이나 토론의 수준이 남달랐다. 남다른 4명이 발제와 토론을 주재하는 날은 참여자들끼리의 토론을 한다기보다 역사 수업을 하는 느낌이 들곤 했다.

나는 이 모임에서 '내가 알고 있는 것은 새 발의 피 수준이구나. 남에게 설명하려면 더 많은 공부와 이해와 익힘이 필요하구나'라는 것을 깨닫게 되었다.

독서 클럽에 같이 참여하는 사람들에게 피해를 주지 않기 위해서 나는 독서 클럽 활동을 할 때 참 열심히 하였다. 읽을 책이 정해지면 아이들을 재워놓고 책을 읽었고 출퇴근하는 차 안에서 틈틈이 책을 읽었다. 완독을 하고 모임에 참여하기 위해서 없는 시간도 쪼개어 책을 읽었다.

단순히 책만 읽은 것이 아니었다. 토론을 하기 위해서는 '그냥 읽었다'의 수준으로는 부족했다. 읽은 것을 이해하여야 했고, 이해를 못하는 것은 질문으로 남겨 참여자들과 토론을 하였다. 밑줄을 그으면서 책을 읽었고 궁금한 것은 메모를 하였다.

내가 발제를 하는 순번이 되면 부담이 너무 커서 '내가 이 짓을 왜 하고 있나?'라는 생각이 들어서 '이놈의 독서 클럽을 집어치울 거야'는 맘을 먹곤 했다. 하지만 독서 모임을 통해서 심도 있는 토론을 하고 내가 몰랐던 역사적 사실을 공부하면서 다양한 견해를 나누고 나면 독서 모임을 하기 전의 나로 다시 돌아가기가 어려웠다. 왜냐하면, 독서와 발제와 토론을 한 나는 그만큼 생각이 깊어지고 지식이 풍부해진 더 큰 사람이 되어있기 때문이었다.

'위대한 우리'에서는 주로 근현대사 책을 읽고 공부했는데, 차츰 책을 읽다 보니 임진왜란, 병자호란 등 더 과거의 역사까지 범위를 넓혔다. 우리나라의 역사를 알면 필수불가결하게 주변 국가의 역사까지 건드릴 수밖에 없는데 자연스럽게 일본과 중국의 역사도 공부하기도 했다. 공부의 범위를 주변국과 세계사로 막 확대한 즈음 이사를 하게 되면서 '위대한 우리' 모임을 그만두게 되었는데, 역사 독서 토론 모임 '위대한 우리'에 참여한 5년 동안 정말 많이 배우고 느끼고 생각하게 되었다. 이때 배운 독서 하는 법, 토론하는 법, 발제문 뽑는 법은 나중에 내가 책을 읽고 다른 독서토론 모임을 이끄는 데 큰 힘이 되어 주었다.

요새는 도서관 프로그램이 정말 많이 활성화되고 있다. 독서 프로그램도 많고 읽을 책도 많고 읽고 싶은 책은 구비도 해준다. 독서토론 프로그램도 많이 개설되어 참여하는 사람도 계속 늘고 있다. 학령기 아이를 둔 엄마들에게 적극 추천하고 싶다. 독서 클럽에 가입하고 활동을 하라고. 장점이 너무 많다. 책을 읽어서 엄마인 나의 소양도 넓어지고, 아이들에게 책 읽는 엄마의 모습을 보여주니 자연스러운 독서 교육도 된다. 읽은 책이 아이들 학업과 연관된 것이라면-내 경우에는 역사 독서 모임이라 아주 연관이 많았다-아이들과 함께 공부하고 학습을 지도해 줄 수도 있다.

'위대한 우리'는 위대한 엄마로 가는 지름길일 수도 있다.

05

뉴스로 알아보는
역사

뉴스는 시사이다. 시사는 오늘이다. 오늘은 어제가 만들어낸 결과물이다. 어제는 과거이다. 과거는 역사이다. 어제와 오늘이 불과 몇 시간 몇 분의 차이로 인해 별다를 것 없어 보이지만, 과거와 현재로 구분된 다른 것이다. 이에 반해 시사와 역사는 머나먼 시간의 차이로 인해 다른 것 같지만, 어제와 오늘의 끊임없는 반복이라는 점에서 그 결은 같다.

내가 역사를 좋아하는 이유 중 하나가 원인과 결과가 명확하다는 점 때문이었다.

이미 지나간 일인 역사는 지나고 보니 분명한 어떤 원인이 있었고, 그 원인들이 모여 어떤 과정을 걸쳐 확실한 결과를 만들어내었다. 의도처럼 좋은 결과일 때도 있고 의도와는 다르게 나쁜 결말을 가져오기도 하였다. 때로는 처음 의도와는 전혀 다른 방향으로 흘러가 버린 역사적 사건도 많다.

과거 속 사건이 지금 다시 일어난다면 우리는 이미 역사에서 배운 것이니까 잘못된 결과를 향해 달려가지 않게 바로 잡을 수 있을 텐데, 그러면 얼마나 좋을까, 하는 생각을 누구나 할 것이다.

나는 지금 일어나고 있는 거의 모든 일이-과학 기술의 발달로 인한 기계의 탄생은 제외하고-과거 속 사건이 다시 반복 재생되고 있다고 생각한다. 물론 조금의 변형 기출이긴 하다.

현재를 제대로 알고 시대의 흐름에 맞춰 사는 사람이고 싶어서 나는 뉴스를 자주 보는 엄마이다.

지금의 뉴스, 즉 시사가 모이고 모이면 언젠가는 역사가 된다. 시사와 역사의 끊임없는 반복. 우리가 역사를 공부해야 하는 이유이며, 우리가 뉴스를 제대로 챙겨 보아야 하는 이유이다.

하지만 엄마들은 역사를 공부하라고 아이들에게 이야기하면서 뉴스는 골치 아픈 것이라며 아이들에게 현시대를 알 수 있는 뉴스는 보지 말라고 하며, 엄마들 스스로도 뉴스는 복잡하고 머리 아프다며 뉴스를 외면하는 경우가 많다. 엄마들이 찾아보는 뉴스는 재테크, 연예, 문화, 여행 등 좀 더 가벼운 분야에 많이 있다. 하지만 나는 뉴스를 보고 시대를 알아가는 것이 반복되고 있는 역사를 공부하는 것과 다름없다고 생각한다. 또한 뉴스를 보면 지금과 유사한 사건의 과거 사례가 소개되는 경우가 많아서 역사 공부를 하기에도 아주 적당한 매체임이 틀림없다.

2022년 10월 현재 미국이 금리를 빅 스텝, 자이언트 스텝으로 올리고 있다. 이것은 그동안 어려웠던 경제를 활성화시키기 위해 돈을 마구 찍어 시장에 풀어 오다가 돈이 너무 넘쳐나 인플레이션이 심해져서 물가 인상을 막고 인플레이션을 잡아 보겠다는 의지에서 나온 정책이다. 미국이 금리를 큰 폭으로 올리니 세계 여러 나라 경제가 휘청거리고 있다. 여기에도 당연히 대한민국도 포함되어 있다. 우리나라는 미국보다 금리가 높아야 하는데 미국이 저렇게 빠른 속도로 금리를 올리니 우리나라 경제가 점점 안 좋아지고 있다. 환율이 오르고 달러가 부족해지고 있다. 요즈음의 뉴스를 보면 제2의 IMF 사태가 올 것이라는 전망이 심심찮게 보인다.

제2의 IMF란 무엇일까? 1997년에 대한민국은 외환보유고 부족으로 국제통화기금 IMF에 외환 구제 금융을 신청한 적이 있었다. 그것을 역사는 97년 IMF 사태라고 부른다. IMF 사태는 대한민국의 패러다임과 가치관을 송두리째 바꿔놓은 사건이었다. 그것도 안 좋은 방향으로. 사람들은 개인주의로 변하였고 황금만능주의가 우리의 의식을 지배하게 되었다. 우리나라의 사회와 문화는 IMF 사태 전과 후로 나뉠 정도로 많이 달라졌다.

지금 우리나라 경제 상황이 1997년 당시와 유사하게 흘러가고 있다는 것이 뉴스에 나오는 전문가의 말이다. 그들은 1997년 IMF 외환위기 당시를 돌아보기도 하고 지금과 무엇이 다른지 무엇이 같은지 비교 분석해주기도 한다. 왜 그럴까? 과거에 발생했던 유사한 사건이 또다시 반복 재생할 것 같은 기운이 흘러넘치기 때문이다. 이처럼 뉴스를 보고 신문을 보면 과거에 일어난 일에 대하여 요약과 사실 관계를 다시 한번 짚어 준다. 이것이 바로 역사 공부이다. 게다가 역사 공부를 해주고 나면 향후 어떻게 펼쳐질지 전망까지 해준다. (물론 이때의 전망은 맞는 경우는 거의 없지만) 이때의 전망은 역사에서 일어났던 결과와 약간은 바뀐 지금의 상황을 적당히 섞어 자신의 의견을 피력하는 것이다.

뉴스를 잘 들으면, 신문을 꼼꼼히 잘 보면, 역사책에서 보는 죽은 역사 말고 지금까지 이어져 오는 살아 있는 역사를 공부할 수 있다. 뉴스를 통해 공부하는 역사의 가장 큰 장점은 읽은 뉴스를 기반으로 앞으로 내가(우리가) 어떻게 해야 할지 그리고 무엇을 준비해야 할지 어느 정도 알 수 있다는 것이다.

아주 다행인 것은 요즘은 뉴스가 많이 다양해졌다는 것이다. 불과 몇 년 전만 해도 뉴스란, 정규 방송 9시 뉴스와 일간지 신문에서 얻는 것이 전부였다. 하지만 미디어의 범람인 시대에 살고 있는 우리는 너무도 다양한 뉴스 매체를 갖고 있다. 전통적인 신문은 물론 TV 뉴스는 여전하고 그 외에도 팟캐스트, 유튜브를 통해 정치뉴스, 경제뉴스, 문화뉴스, 국제뉴스를 다양한 시선에서 알 수 있다. 외국어 번역 기능도 잘 되어있어서 우리나라 뉴스뿐만 아니라 해외의 뉴스도 번역기를 돌려볼 수도 있고 아니면 부지런한 이들이 잘 번역한 국제뉴스를 직접 다양한 플랫폼에 올려주기도 한다.

옛날, 뉴스 하나가 권력이던 시절에 비해서 이제는 뉴스가 넘쳐나는 시대가 되었다. 하루 중 약간의 시간만 내면 시사를 통해 미래에 대한 준비도 할 수 있고 역사를 공부할 수도 있다. 나는 역사를 알아가는 데 뉴스 덕을 많이 보았다. 그리고 뉴스 덕을 앞으로도 더 보았으면 좋겠다.

4

엄마표 역사를
하기 전에
엄마가 최소한
이것 정도는!

이제까지 왜 엄마가 아이들에게 역사를 가르쳐야 하는지 이야기를 해보았다. 다시 한번 요약해 보자면, '역사가 수학이나 영어보다 엄마와 함께 하기가 더 쉽다', '고등학교에는 더 어려운 과목을 공부해야 하기에 어릴 때 미리 엄마랑 생활하면서 공부할 수 있다', '옛날이야기처럼 재미있게 이야기하면서 공부가 가능하다', '놀러 가서도 접할 수 있다'라는 것이었다.

또한 엄마인 내가 역사와 가까워진 배경에 대하여서도 이야기하였는데, 만화를 좋아했고, 사극을 좋아하던 아버지와 같이 TV를 시청하다 나도 같이 사극을 좋아하게 되었다는 것과 외국계 회사를 다니면서 외국 동료들과 대화를 하다 보니 역사 공부의 중요성을 깨닫게 되어 역사에 더 많은 관심을 가지게 되었다는 것을 이야기하였다.

이즈음 이런 의문을 가질 수 있을 것 하다.

"님처럼 역사에 대한 관심이 크지 않은 사람은 엄마표 역사를 못 할 것 같은데요?"

"역사에 대해 아무것도 모르는 사람도 엄마표 역사를 할 수 있을까요?"

안타깝지만 이 의문에 대한 답은 단연코 "아니다."이다. 학교를 졸업하고 몇 년이 지나서 공부에 손을 놓았다면, 그리고 가사와 육아를 전담하며 또 몇 년의 세월을 보냈다면 학창 시절 했던 공부는 그저 단편적인 지식으로만 우리의 머릿속에 남아있을 확률이 크다.

이것은 역사를 전공했던 내 경우도 마찬가지였다. 결혼하고 아이를 키우면서 남아있는 역사 지식은 몇 안 되는데 자녀 교육을 위해 몇 년 전 배웠던 '역사'라는 버튼을 누른다고 해서 내 안에 숨어있던 장엄한 역사 지식이 입에서 줄줄 흘러나오지는 않았다. 하물며 역사를 전공하지 않은 사람이라면 두말할 필요도 없다. 대부분의 엄마는 역사 전공자가 아니다. 이런 상황에서 아이와 함께 역사를 가르치고 배우고 싶다고 한다면 가만히 있으면 안 된다. 가만히 있어서 거저 얻어지는 것은 없다. 이제라도 조금씩 배우고 익히자. 무엇을? 역사 지식을!

자, 이제 마음가짐은 하였다. 이다음에는 이런 질문을 할 수 있겠다.

"그러면 이제 엄마표 역사를 하려면 무얼 준비해야 하나요?"

엄마표 역사를 한다고 해서 엄마가 모든 역사를 다 알 필요는 없다. 다 알 수도 없다. 우리나라 역사는 오천 년이 넘는다. 오랜 역사를 가지고 있는 만큼 알아야 할 역사도 많고 중요하지 않은 시대도 없다. 이 모든 것을 아이가 태어나기 전에 혹은 아이가 태어나고 아주 어릴 때 미리 배워 두면서 준비할 수도 없다.

이 물음에 대해서라면 나는 이렇게 말하고 싶다. 우리나라 역사에 대한 기본적인 시대 구분을 할 줄 알면 그다음은 더 쉬워질 것이라고 말이다.

나는 엄마들이 숱한 역사적 지식을 다 알지는 못하더라도 우리나라 역사가 어떻게 구분이 되고 어떤 나라들이 몇 년 동안 유지되어 왔으며 어떤 나라들이 생겼다가 사라졌는지, 오천 년 유구한 한반도 땅에서 일어난 나라들의 흥망성쇠 정도는 알았으면 좋겠다. 전체 역사의 시대 구분이 가능하다면 하나의 이야기를 하더라도 그 역사 이야기의 앞뒤를 알고 있기 때문에 엄마가 아이에게 더 재미있고 자신 있게 이야기를 해 줄 수 있다. 나머지 헷갈리는 사실은 검색을 해보면 되는데, 이때 하는 검색은 시대 구분조차 모를 때의 검색과 질적인 차이가 분명히 있다. 이것은 퍼즐 조각 한두 개를 가졌다고 해서 전체 퍼즐을 다 맞출 수 없는 것과 마찬가지이며, 퍼즐 전체의 그림을 같이 보아야 부분 조각을 어디다 놓아야 할지 알고 퍼즐 전체를 맞출 수 있는 것과도 같다.

한반도 역사에 있어 시대를 구분할 줄 안다는 것은 몇십 개짜리 퍼즐이든 몇백 개짜리 퍼즐이든 퍼즐의 전체 그림을 갖고 있는 것과 같다. 시대 구분은 어렵지 않다. 다 해봐야 열 개 남짓밖에 되지 않는다. 이것 정도는 시간을 내어서 외우기를 제안한다.

01

한국사
시대 구분

학자마다 선생님마다 시대 구분은 조금씩 달라지기도 하지만 여기에서는 일반적으로 통용되는 시대 구분에 따라 아래와 같이 시대와 해당 기간을 구분해보았다.

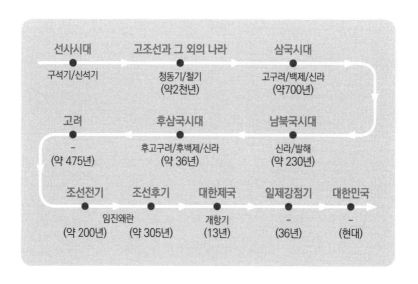

어떤 책을 보든지 어떤 학문을 공부하든지 우리는 먼저 총론부터 배운다. 총론이란 무엇인가? 어떤 분야의 일반적 이론 따위를 총괄하여 서술한 이론이라고 사전에서는 정의하고 있다. 세세한 분야로 들어가기 전에 어떤 것에 대하여 개괄적으로 요약하여 정리하는 것을 말하는 것이다. 일종의 입문서 같은 것인데, 보통 대학을 들어가서 전공과목을 선정하면 맨 처음 들어야 하는 필수 과목이 바로 이 총론이요, 개론이다. 서점에 가서 보면, 쉽게 찾아볼 수 있다. 형법총론, 교육학총론, 경제학원론, 정신병리학총론 등등. 총론과 개론을 거치지 않고서는 세밀한 분야로 입문을 할 수가 없다.

큰 강물의 줄기와 흐름을 먼저 알아야 지류가 어디로 어떻게 흘러가는지 알아내기가 쉬운 것이 그 이치이다. 백두대간 큰 산맥의 시작과 끝을 알면 중간에 위치한 작은 산맥과 산들은 어디 있는지 가늠하기가 쉽다.

역사에서는 시대 구분이 그러하다. 반만년 역사라는 큰 강줄기에서 우리는 지금 어디에 있는지, 조선 시대는 반만년 역사에서 어떤 위치에 자리 잡고 있는지 정도는 파악이 되어야 한다.

우리는 대한민국과 일제 강점기와 조선 시대만 공부할 건 아니지 않은가? 고려가 지금으로부터 얼마나 먼 과거인지, 고려는 어느 나라를 계승하여 혹은 무너뜨리고 세워졌는지 이런 정보를 알아두고 기억하기에 시대 구분은 아주 요긴하다. 이것은 총론이자 개론이며 구조적으로 형태를 잡아주는 것이기도 하다.

책을 처음 펴보면 누구나 목차를 먼저 본다. 왜 그럴까? 어떤 순서로 되어 있는지를 알면 저자가 무엇을 말하려고 하는지 파악할 수 있기 때문이다. 비슷한 것끼리 묶는 카테고리와 어떤 일의 순서는 어떤 것을 이해하고 기억하는 데 아주 큰 도움이 된다. 그래서 교육학자들은 단순 암기보다 카테고리화 된 암기법을 학생들에게 가르치기도 한다. 교육 기법에 많이 쓰이는 마인드맵 역시 일종의 카테고리이며 순서를 표현한 것이다.

이처럼 오천 년의 역사를 선사시대로 나누고 도구의 발달에 따라 청동기와 철기로 변화하고 이 속에서 삼국이 생겼다. 삼국은 서로 변화하고 위협하고 경쟁하며 고려라는 나라로 통일이 되고 500년 정도 유지된 고려는 조선에 의해 멸망하게 된다. 조선도 약 500년 동안 유지되었는데 조선은 대한제국이라는 제국으로 변모하였다가 일본에 의해 망하였다. 일제 36년을 고통스럽게 유지되던 한반도는 해방 후 대한민국을 건설하고 오늘날까지 이르렀다. 이것이 우리 땅 한반도에서 일어난 시대적 순서이며 시대 구분이다.

이해를 하면서 암기가 된다면 더할 나위 없이 좋겠지만, 처음부터 이해가 힘들다면 이 시대 순서와 구분은 그냥 통째로 외우자. 암기한 시대 순서와 구분은 아이들과 역사의 조각들을 이야기하고 맞추다 보면 어느 순간 이해가 되어 내 머릿속에 들어가 있을 것이라고 장담한다.

02

조선 시대
왕 계보

송창식이라는 가수가 있다. 아마 요즘 아이들은 전혀 모르겠지만. 송창식이 부른 노래 중 '가나다라마바사'라는 노래가 있었는데 아주 크게 히트를 하였다. 이 노래의 2절 가사의 첫 구절이 바로 조선 전기 왕의 계보로 시작하였다.

'태정태세문단세 예성연중인명선 에혜 으허으허으허허~'

아주 재미있는 노랫말과 흥겨운 리듬으로 우리는 곧잘 따라불렀을 뿐 아니라 가사도 외웠다. 나는 조선 전기 임금의 순서라고 작정하고 외운 것이 아니라 대중가요 때문에 조선 전기 왕의 계보를 먼저 익히게 된 것이다. 청각을 자극하는 아주 좋은 교육법의 실전 사례가 아닐 수 없다.

이 노래가 한창 유행할 때 나는 초등학생이었는데 그때 담임선생님이 "너희들 송창식이 부른 '가나다라마바사' 노래 알지? 그 노래 2절에 가사가 뭔지 아니?"라고 물었다. 우리는 조선 시대 왕의 순서라는 것을 알고 있었기에 당연히 아는 대로 대답을 하였다. 그러자 선생님은 또 이야기하였다. "그러면 너희는 '예성연중인명선' 그 뒤 임금 순서는 아니?" 거기까지는 몰랐던 우리는 우물쭈물하기만 했다. 이런 우리를 보고 선생님이 특명을 내렸다.

"그다음 순서는 이렇다. '광인효현숙경영 정순헌철고순전' 이 순서를 내일까지 전부 다 외워온다. 안 외운 사람은 남아서 일주일 교실 청소다."

강력한 조치를 취한 선생님 덕분에 나는 초등학교 3학년부터 조선 시대 임금의 순서를 다 외우게 되었다. 선생님 감사합니다.

어떤 것을 외울 때는 외부의 강제와 압박이 필요하다는 것을 내 경험을 통해 몸소 터득하였기에 나는 우리 아이들에게도 비슷한 방법

을 사용하게 되었다.

그것은 바로 조선 왕 27명의 순서를 아이들에게 다 외우라고 한 것이었다. 그때는 큰아이가 막 중학생이 되었고 작은 아이가 초등학교 고학년이 되었을 때였다. 좀 치사한 방법으로 보이지만 다 외우면 용돈을 주기로 하였고 못 외우면 '그게 뭐 그리 어렵냐!'로 시작하는 따끔한 잔소리를 안겨주었다. 생각보다 용돈과 잔소리의 효과는 커서 중학생 큰 애는 일주일 정도 걸려서 왕 계보를 다 외울 수 있었고 작은 아이는 더 많은 시간이 걸려 중학생이 되어서야 임무를 완수하게 되었다. (실은 둘째는 아직 어려서 상대적으로 부담을 안 지우기도 했다.)

뿐만 아니라, 외웠던 것을 안 써먹으면 잊을까 염려되어서 밥 먹다가, TV를 보다가, 차 안에서 이동하다가 가끔씩 "조선 왕 순서대로 외워봐."라고 시키기도 하였다. 종종 이렇게 암기를 시키는 엄마가 싫고 괴로웠는지 아이들은 짜증을 많이 냈는데 어쨌든 덕분에 버튼을 누르면 불이 들어오는 부저처럼 아이들은 비교적 어린 나이에 조선 왕 계보를 다 외우게 되었다. 요즘이야 어릴 때부터 역사도 사교육을 시키기도 하고 정보 검색도 빨라서 조선 왕 계보 정도는 쉽게 외우는 초등학생도 많아졌지만, 우리 아이들이 초등학생 중학생일 때는 왕의 순서를 제대로 암기하는 학생이 많이 없었다. 그래서 우리 아이들은 사회와 역사 시간에 좀 우쭐할 수 있었다는 이야기를 들었다.

우리는 '조선왕조실록'이라는 세계 어디에서도 유례를 볼 수 없는 소중한 기록문화유산을 가지고 있다. 조선왕조실록은 그 기록의 방대함, 기록의 연속성, 기록의 사실성, 기록의 세밀함 등의 이유로 1997년에 유네스코 세계문화유산으로 등재되었다.

'조선왕조실록'은 그 내용 하나하나가 국문으로 번역이 되어 글을 읽을 줄 아는 대한민국 사람이라면 누구나 조선왕조실록의 내용을 찾아볼 수 있다. 국문으로 번역이 되었다고는 하지만 그 내용은 아직도 연구하고 파헤칠 것이 많다고 한다. 조선왕조실록뿐 아니다. 기록을 중시했던 우리 선조들이었지만 그중에서도 특히 조선 시대에는 기록의 나라라고 할 만큼 많은 기록물이 만들어졌다. 이 기록물 중에 앞서 말한 조선왕조실록 외에도 조선왕조실록의 요약본으로 후대 임금이 정사에 참조할 목적으로 만든 국조보감, 조선 시대 왕명의 기록인 승정원일기, 조선 후기 임금의 동정을 기록해놓은 일성록 등이 해당된다.

조선 시대 임금에 대한 기록이 다수를 차지하다 보니, 많은 문화 콘텐츠들이 조선 시대를 배경으로 하고 있다. 조선왕조실록은 '조선 왕조 오백 년'이라는 드라마 콘텐츠로 만들어졌다. 최근 제작된 드라마 '옷소매 붉은 끝동'은 정조 임금의 사랑 이야기를 그렸고, '용의 눈물'이나 '육룡이 나르샤'같은 드라마는 조선 건국 초기의 이야기를 드라마화 하였다. 공전의 히트를 친 '대장금'도 조선왕조실록 중종 편에 나온 단 몇 편의 글을 모티프로 하여 만들어진 드라마이다.

수많은 조선 시대 기록들이 대중문화 콘텐츠로 제작되다 보니 자연히 TV에서 소설에서 웹툰에서 조선 시대 이야기들을 많이 접하게 된다. 그래서 적어도 조선 시대 임금 순서 정도는 알아두면 사골 국물 우려내듯 계속 써먹으면서 아는 체하기에 아주 좋다.

혹시 아이들이 무슨 왕은 어느 시기인지 어떤 일이 있었는지 궁금해할 때 검색이나 책을 의지하지 않아도 왕 계보도 정도를 알고 있다면 엄마는 아이에게 즉석에서 답이 가능한데, 이때 아이들이 엄마를 얼마나 우러러볼지 상상만 해도 짜릿하다. 실제로 나는 여러 번 이런 경험을 한 적이 있다. 약간의 노력만 더해준다면 아주 스마트한 엄마가 될 수 있다. 게다가 엄마에 대한 존경심까지 덤으로 가질 수 있을 것이라 장담한다. 조선 시대 임금, 고작 27글자 27명의 왕으로 말이다.

03

아이의 교과서
목차 알아두기

학창 시절 첫 수업 시간에는 일 년 동안 공부할 교과서를 받았다. 그리곤 집에 오면 받은 교과서에 표지를 싸는 일을 아주 중요한 일로 여겼다. 은행이나 사찰 같은 곳에서 받아 모아두었던 빳빳한 흰 달력을 꺼내서 칼로 자르고 침을 묻혀 선 따라 접고 테이프를 잘 붙여서 일 년 내내 손상 가지 않는 깨끗한 교과서를 유지하곤 했다.

교과서에 하얀 표지를 깔끔하게 싸고 나서 한 일은 책의 첫 표지부터 제일 끝까지 목차와 내용을 꼼꼼히 살펴보는 것이었다.

국어 교과서의 목차를 본다. 시, 논설문, 소설, 시조, 고전문학의 순서로 목차가 꾸려져 있다. 목차에서 제목을 보면 아, 3월에는 어떤 시를 배우고 5월에는 어떤 수필을 읽을 것이며 가을에는 이런 단편 소설을 접하게 되겠구나, 하고 알게 된다. 책장을 넘기면 이미 알고 있던 시와 수필은 반가워서 미리 읽어보게 되고, 몰랐던 논설문과 고전문학은 설레는 마음이 반, 걱정되는 마음 반으로 일 년 치 공부를 교과서 표지 싸던 날 얼추 얼마는 해버리곤 하였다.

교과서에 대한 이 느낌은 아이들이 교과서를 받아올 때도 마찬가지였다. 내가 공부할 것도 아닌데 말이다.

아이들이 교과서를 받아온 날, 책을 거실 바닥에 한가득 쌓아두고 국어 교과서부터 꺼내 든다. '아, 요즘에는 이런 걸 배우는구나' '어, 이건 나 어릴 때도 배웠는데 아직도 교과서에 실려 있네. 이거 되게 재밌다'라고 목차를 보면서 아이들에게 이야기한다. 그러면 아이들은 '뭔데? 뭔데? 나도 한번 볼래'라며 목차에 안내된 페이지로 책장을 넘겨 내가 재미있다고 한 부분을 같이 읽어본다.

이렇게 목차를 미리 살펴보는 것이 가장 재미있었던 책은 아무래도 사회 과목이었다. 초등 사회 교과서는 정치와 경제와 역사와 도덕 등이 다 같이 한 권에 실려 있었다. 영어나 수학보다는 부모의 사회생활과 관심사에 가장 밀접하게 연결시킬 수 있는 과목이다. 교과서를 들춰보면서 '아, 맞다. 우리나라 정기국회 개회 일수는 100일이었지!' '광주항쟁을 초등학교 교과서에서도 다루는구나'라고 새삼 기본적인 배움의 기분을 느끼기도 한다.

이러는 동안 엄마는 우리 아이가 일년 동안 배울 수업내용이 이런 것이구나, 하고 알 수 있고, 준비할 것이 있다면 시기에 맞춰 미리 준비하는 것도 가능하다. 미리 준비한다는 것이 대단한 것이 아니다. 선생님들이 하는 것처럼 세세히 할 필요는 없다. 그냥 아, 요맘때쯤 현장학습 차원에서 청와대를 한번 가야겠다, 아 요맘때는 궁궐을 가

보는 게 좋겠구나, 같은 것만으로도 충분하다. 여행 계획을 세울 때도 가능하다면 아이들 교과서 목차와 관련된 곳을 방문지로 한 두 곳 정도 정한다면 쉼과 학습의 일석이조의 효과도 거둘 수 있다.

학기 초가 아니더라도 나는 가끔씩 아이 책상에 꽂혀있는 교과서를 빼 보곤 했다. 진도는 어디까지 나갔는지 다음은 어디를 배울 차례인지 궁금했기 때문인데, 가끔은 '다음 시간에는 어디 배울 차례야?'라고 직접적으로 물어보기도 했다. 엄마가 자신에게 관심을 가져주면 아이들은 대개 기분 좋아하였다. 물론 너무 잦다면 잔소리로 느낄 수도 있으므로 가끔씩 은연중에 잘하는 것이 중요하다.

뉴스를 보다가 신문을 보다가 아이의 교과서 목차와 비슷한 사건이나 기사나 나오면 따로 메모하거나 스크랩을 해두었다. 아이와 밥상머리에서 이런저런 대화를 하다가 관련된 이야기가 나오면 신문을 펴들고 이야기를 하기도 했고 그림이나 사진을 같이 보기도 하였다. 이럴 때 아이는 엄마가 공부시키려 한다고 생각하지 않았다. 어릴 때부터 자주 있던 일이라 원래 하는 루틴처럼 생각했던 것 같다.

아이들의 교과서 목차를 살펴보는 것을 중학교 2학년 정도까지 했었는데 나는 이것이 우리 가족의 대화와 아이들이 세상살이에 관심을 갖는데 어느 정도 도움을 주었다고 생각하고 있다.

엄마 옆에는
항상 책이 있었다.

내 독서의 시작은 만화책이었다. 한 권에 50원을 주면 몇 시간이고 앉아서 만화를 볼 수 있는 만화대여소는 내 놀이터였다. 만화책 덕택에 글자도 빨리 깨우쳤다.

학창 시절 소설가를 꿈꾸던 금순이라는 이름의 친구가 있었다. 나는 책을 많이 읽는 금순이와 친한 친구가 되었고 금순이가 읽은 책, 금순이가 추천한 책을 따라 읽으면서 문학 서적이 재미있을 수도 있다는 것을 알았다.

대학교에서는 책 읽기의 새로운 면을 알게 되었다. 학교 앞 사회과학 서점에는 철학, 사회과학, 인문과학, 정치경제 등 그전에는 거의 접해보지 못한 다양한 책들이 미팅에 나온 학생처럼 곱게 꽂혀 있었다. 책은 혼자 읽는 것이 아니라 같이 읽고 나누어 읽을 수도 있다는 것을 알았다. 독서토론이라는 것도 해보았는데 같은 책을 읽고도 확연히 다른 생각을 한다는 게 신기하게 여겨졌다.

결혼 전까지 많은 책을 읽었다. 아무래도 오롯이 혼자서 싱글 라이프를 즐길 수 있는 때이기 때문이리라. 요즘처럼 다양한 취미가 있던 시대도 아니어서 "취미가 뭔가요?"라고 누군가 묻는다면 대부분의 사람들이 독서, 영화감상, 음악감상, 바둑 같은 것을 말하곤 했다. 독서는 단연코 사람들이 말하는 일등 취미였다. 나도 예외는 아니었다. 지금이야 독서는 생활의 일부이지 취미가 아니라는 인식을 갖게 되었지만, 그때만 해도 독서는 전국민적 취미 중 하나였다.

독서가 취미가 되었던 내 생활의 여유는 출산과 동시에 사라졌다. 3년 터울로 아이 둘을 출산하고 보니 인생에 여유라는 단어도 사라졌다. 첫 아이를 낳고 난 후부터 둘째 아이가 다섯 살이 되는 무렵까지 약 8~9년은 문화생활의 암흑기였다. 어떤 노래가 유행하는지 어떤 영화가 개봉되는지 모른 채 시간은 지나갔다. 세상의 중심은 내가 아닌 우리 아이들이었다.

작년에 TV 예능 프로그램인 '놀면 뭐하니?'에서 SG워너비가 소환되어 다시 한번 인기를 구가한 적이 있었다. 프로그램 진행자 유재석은 SG워너비가 나올 때 열광을 하며 그 시절 그들의 노래를 너무 좋아했다며 격한 리액션을 하였다. 방송 이후 SG워너비는 전성기를 다시 맞았다.

나는 이 소동이 약간 의아했다. SG워너비의 노래는 정말 좋지만, 이 정도로 격하게 반응할 일인가? 하는 생각이 들었다. SG워너비가 활동하던 당시의 상황을 검색하여 보니 그들이 데뷔하고 활발히 활동하던 시기는 육아에 한창인 내 문화생활 암흑기와 겹쳐 있었다. 지금도 2000년대 초중반의 히트곡들은 내가 모르는 게 참 많다.

노래에 관하여 어둠의 문화생활 속에 있었지만, 손에서 놓지 않고 있던 것이 있었는데 로맨스 소설이었다. 책 대여점이라는 것이 지금 카페처럼 골목마다 있었는데 스트레스받지 않고 가볍게 읽을 수 있는 로맨스 소설을 한 권에 1,000원에 빌려 아이들을 재운 뒤 한밤중에 읽었다. 웹소설이 보편화되기 전이라 인터넷 소설도 책으로 출간되어 책 대여점에서 인기리에 유통되었다. 내 유일한 스트레스 해소법과 문화생활이었다.

아이들이 겨우 서너 살, 대여섯 살이 되었을 때였다. 빌려온 책을 아껴 읽다가 소파 옆에 TV 앞에 두었다. 아이들은 '이건 엄마 책'이라며 손을 대지 않았다. 아이들은 두껍고 그림 없는 책은 엄마 책이라는 생각을 자연스럽게 했고 엄마 옆에는 항상 책이 있다는 것을 알게 되었다.

둘째가 초등학교에 입학하고 나서야 나는 고전 소설이나 인문 서적 같은 책들을 편안한 마음으로 읽을 수 있었다. 쇼핑 품목 중 많은 금액을 지출한 품목이 책이었다. 인터넷 서점에서 자주 책이 배달되어왔고 책이 침실에서 소파에서 식탁에서 떠나지 않았다. 아이들에게 '책 읽어라'라는 잔소리 대신 내 책 읽기에 더 신경을 썼다. 아이들은 독서에 대해서 엄마가 잔소리하는 것을 들을 기회가 적었고 대신 엄마가 책을 읽는 모습을 더 많이 보게 되었다. 아이들은 '엄마는 책 보는 사람'이라는 생각을 하게 되었다고, 나중에 아이들이 좀 더 자란 후에 나에게 이야기를 해주었는데 아이들의 그 말에 어찌나 스스로가 자랑스럽던지!

책을 읽다 보니 내가 읽은 책의 내용이 제대로 기억이 나지 않는 일이 생겼다. 나이 탓인지, 지능 탓인지 알 도리는 없지만, 열심히 읽고 감동했는데 시간이 지나니 내용과 감동이 처음과 같지 않은 것에 상심이 되었다. 그래서 독후감을 쓰기 시작했다.

처음에는 책의 줄거리를 요약하자는 데서 시작했다. 그런데 독후감을 쓰다 보니 읽었던 책에 대한 감상이나 특히 눈길이 갔던 글귀, 문구를 기록하는 일이 더 많아졌다. 썼던 독후감을 나중에 읽어보니 제법 그럴싸한 서평이 되고 있었다.

인터넷 서점 알라딘 '나의 서재'에 첫 독후감을 올린 날짜는 2007년 8월 10일, 첫 독후감의 영광을 차지한 책은 '일 분 후의 삶'이라는 에세이였다. 처음에는 특별히 감동적인 책만 소감을 남겼는데 독후감의 좋은 효과를 직접 느끼고 보니 가급적이면 더 많은 책의 독후감을 써야겠다는 생각이 들었다. 회사를 그만두고서 나는 내가 읽은 모든 책의 독후감을 쓰고 있으며 이것을 개인 블로그와 카카오 브런치에 올리고 있다. 많아지는 북리뷰 개수는 내 역사가 되고 성과물이 되고 있다. 가끔씩 내가 썼던 북리뷰를 읽는 것은 독서 못지않게 기분 좋은 일이다.

우리 집에는 책이 마를 날이 없다. 잦은 이사에 책이 부담이 되고 나서 책 구입은 줄었지만 도서관에서 매번 빌려오는 책이 침대 옆에 소파 옆에 늘 놓여 있다. 아이들은 오다가다 놓여 있는 책을 한 번씩 들춰 본다. 그러곤 툭툭 한마디씩 건넨다. "이 책 재미있어?" "뭘 이런 걸 다 보냐?" 그리고 한 마디 더 붙인다. "책이 그렇게 재미있어?"

내가 재미있다고 강조해도 엄마가 추천한 책을 읽어 보지는 않는다. 이미 성인이 된 아이들과 나는 서로의 관심사가 다를 터이다. 하지만 무슨 책이면 어떠랴! 독서는 항상 하는 것이라는 생각을 하고 실천하고 있다면 그것으로 충분하다.

엄마 옆에는 항상 책이 있다는 말로 계속 기억되고 싶다.

05

도서관은 아이 책만
빌리는 곳이 아닙니다

2019년 4월부터 6월까지 지역도서관에서 독서지도사 자격증 과정 수업을 들었다. 독서와 관련된 여러 가지 이론을 듣고 같이 수업을 듣는 사람들과 잠깐이나마 실습을 해보는 수업이었다. 12회차로 이루어진 수업이었는데 독서의 여러 가지 이론과 모형을 배웠고 독후감 쓰는 법까지 터득하여 참으로 유익한 수업이었다. 물론 가장 좋았던 것은 시험을 통과하여 독서지도사 자격증을 딴 것이었다.

같이 수업을 들었던 수강생은 수업이 끝나고 헤어짐이 아쉬워 독서토론 클럽을 만들자고 했다. 회사를 그만두고 넘쳐나는 시간에 주체를 못하고 있던 터라 나는 내심 너무나 반가웠다. 그렇게 9명으로 시작한 독서토론 클럽 '책담'은 지금까지 이어오고 있다.

'책담'은 지역도서관과 함께 유·아동을 위한 책 수업을 기획했다. 그림책과 함께하는 독후 활동이 그것이었다. 나도 몇 번의 수업에서 독후 활동 교사로 자원봉사를 하였다. 예닐곱 살이 된 아이 십여 명과 함께 책을 읽고 활동을 했다. 함께 읽은 책의 주제나 소재와 관련된 활동이었는데 어느 날은 음식을 만들기도 했고 어느 날은 색칠하기를 하기도 했다. 아이들은 신났고 엄마들은 편안해했으며 교사인 우리들은 뿌듯해하였다. 처음 해보는 신기한 경험이었다.

내가 독서토론 클럽 활동과 책 읽어주는 자원봉사 활동을 하면서 알게 된 사실 하나는 생각보다 아이 엄마들이 본인의 책을 빌리지 않더라는 것이다.

유·아동 그림책 수업을 하러 온 아이들이 수업을 마치면, 아이 엄마들은 아이를 데리고 어린이 열람실로 이동하여 이런저런 다양한 크기 다양한 그림이 있는 그림책을 잔뜩 골라 손에 들었다. 어떤 책은 아이들이 직접 예쁜 그림을 보고 고른 책들이었지만, 대부분은 아이 엄마들이 어떤 평론가들이 좋다고 한 책이나 입소문이 난 책들을 가득 고른 후 대여를 하는 모습을 보았다. 그렇게 그림책 수업을 마치고 아이들 그림책을 한 손 가득 들고 그들은 도서관을 나섰다.

일주일 동안 그림책 수업 자원봉사를 진행하였는데 수업을 마친 후 내가 본 모습은 거의 대동소이하였다. 예닐곱 살 아이를 둔 엄마들은 육아에 심신이 지쳐 독서를 할 여유가 없는 건 사실이지만 한편으로는 아쉽기도 하였다. 아이들에게 엄마가 책을 빌리고 읽는 모습을 어릴 때부터 보여주면 참 좋을 텐데, 하는 생각이 들었다. 엄마가 엄마의 책을 빌리는 모습을 보여주는 것, 지극히 자연스러운 독서 교육이기 때문이다.

독서지도사 과정을 같이 들은 수강생들도 비슷한 모습을 보였다. 그들이 독서지도사 과정 수업을 들으러 온 것은 어떻게 하면 나의 아이에게 좋은 책을 읽히고 독서지도를 잘 할 수 있는지를 알고 싶어 한 것이 가장 큰 이유였다. 물론 어린 자녀를 둔 엄마들의 가장 큰 관심은 아이이고 자녀 교육이긴 하지만 나는 조금 안타까웠다. 때론 아이들은 엄마의 지도 대로 엄마가 안내하는 길로만 가지 않는 경우가 많다. 엄마가 안내하는 길 보다는 어쩌면 엄마, 아빠가 보여주고 행동하는 모습이 더 영향을 끼칠 수도 있다.

아이와 방문하는 도서관에서는 아이 책보다 엄마 책을 우선으로 빌리러 가보자. 도서관은 아이 책만 빌리는 곳이 아니다. 엄마의 책을 빌리러 가는 김에 우리 아이의 책도 함께 빌리는 장소로 생각하자. 유아였던 아이가 초등학생이 되어도 도서관을 이용할 것이고, 초등학생 자녀가 중학생, 고등학생이 되어도 도서관을 편하게 방문하고 책을 고르는 아름다운 모습을 오래도록 보게 될 것이다.

06

서점
나들이

세상이 참 많이 편리해졌다. 책을 사기 위해 서점을 애써 들르기보다는 인터넷 클릭 한 번으로 온라인 서점에서 책을 편하게 구매할 수 있게 되었다. 이것은 자료에서도 알 수 있는데 2020년 상반기 교보문고 출판 동향에 따르면, 사상 처음으로 온라인 서점에서 책을 구매한 비율이 56.3%로 교보문고 오프라인 판매 43.7%를 넘어섰다. 물론 이 숫자는 코로나로 인하여 대면 접촉을 피하기 위한 어쩔 수 없는 선택일 수도 있다. 하지만, 온라인 서점의 이용은 코로나 이전부터 점차 대세가 되고 있었고 코로나는 그것을 좀 더 앞당겼을 뿐이다.

나만 해도 이전에는 퇴근길이나 혹은 약속이 있어 시내에 나갈 일이 있을 때는 일부로 조금 여유를 두고 길을 나서곤 했다. 서점을 들르고 싶었기 때문이다. 서점에 가면 온갖 종류의 책이 진열되어 있다. 베스트셀러 코너부터 들러서 요즘 무슨 책이 인기가 있는지 살펴

본다. 책에도 유행이 있고 트렌드가 있어서 베스트셀러 정도는 파악하고 있어야 하고 두어 권 정도는 읽어 주어야 한다. 서점 이곳저곳을 돌아보다가 내가 관심이 있는 코너 앞에서 발길을 멈추고는 한참을 서 있는다. 이 책 저 책을 다 빼내어 들춰보고 앞부분은 조금 읽어 보기도 한다. 이러다 보면 어느덧 책 한 권은 꼭 사 가지고 나오게 된다.

아이를 키우면서 내가 잘못한 몇 가지 중에 세 손가락 안에 꼽는 것 중 하나가 아이들을 데리고 서점에 많이 가지 않은 것이다.

나는 서점에서 오롯이 나만의 시간을 음미하며 그 공간을 느끼고 싶었다. 그런데 아이들을 데리고 가면 아이들은 서점 여기저기를 돌아다니고 뛰어다니는지라 다른 사람들에게 피해가 갈까 봐 신경이 쓰였고 혹시나 아이들이 만지작거리다 책이 파손되거나 손때가 묻을까 걱정이 되기도 하였다. 아이들을 키울 때 살던 곳은 도농 복합 소도시였는데 하나뿐인 서점은 큰 서점이 아니었다. 그러다 보니 아이들과 서점에서 자유롭게 책을 고를 형편이 아니었다.

요즘은 서점도 많이 다양해지고 있다. 백화점 같은 큰 대형서점에서는 온갖 종류의 책을 다 볼 수 있다. 대형백화점에는 대형서점이 입점해 있는데 어떤 곳은 카페 같기도 하고 어떤 곳은 도서관 같기도 하다. 인테리어가 예뻐서 그냥 앉아만 있다가 와도 힐링이 될 지경이다. 동네 서점도 다시 생겨나고 있다. 동네 구석구석에 예쁜 인테리어와 컨셉이 있는 책을 차와 함께 음미할 수 있는 곳이 많이 생겨나고 있다. 반가운 일이다.

　서점은 책을 사러 가기도 하지만 실은 책을 보러 가는 곳이다. 책을 사는 것은 온라인 서점에서 해도 된다. 오프라인 서점에서 굳이 무거운 책을 여러 권 사서 들고 다닐 필요가 없다. 온라인 서점에서 책을 살 때는 내가 어떤 책을 사겠다고 마음먹은 그 책을 보다 빨리 쇼핑하기 위해 구매 버튼을 누르는 역할이면 충분하다. 하지만 서점을 가는 것은 어떤 책이 구색이 갖춰져 있고 어떤 책이 내 맘을 끌어당기는지 확인하는 것이다. 책을 꺼내 보고 표지도 확인하고 서문도 읽어보고 두께도 손으로 만져보며 꼭 살 책을 고르고 골라 장바구니에 담는다. 담은 책은 굳이 현장에서 사지 않아도 충분하다. 책을 고르는 설렘만 가지고 있다면. 이것은 마치 옷을 사기 위해 옷 가게에 아이 쇼핑을 하는 것과 같다. 옷을 만져보고 입어 보고 거울에 비춰보는 동안 이 옷이 내게 맞나 안 맞나 확인하는 것처럼, 책도 나한테 맞나 안 맞나 직접 확인하고 고르는 재미가 쏠쏠하다.

　책 고르는 재미는 아이들에게 어릴 때부터 느끼게 주면 아이들이 책과 더 친해질 것이다. 우리 아이들은 서점을 많이 데리고 다니지 않아서인지 서점에서 옷 쇼핑하듯 책 쇼핑을 즐기지 않는다. 친구가 추천한 책, 학교에서 읽으라고 하는 책, 우연히 어디선가 들어본 책들만 인터넷으로 구입할 뿐이다. 꼭 무엇을 사겠다 결심하기 전에 서점에 가서 이것저것 고르고 생각하고 즐기는 사람이었으면 더 다양하고 폭넓은 책의 세계에 빠져들 수 있었을 것인데, 책은 옷처럼 쇼핑하지 않는 것이 나로서는 안타깝다. 꼭 내 탓인 것만 같다.

나는 후배 엄마들을 보면 그래서 자주 서점에 데리고 다니라고, 엄마가 책 고르는 모습을 많이 보여주라고 얘기한다. 그들은 나처럼 후회하지 않았으면 한다.

5

일상에서
시작하는
역사와 친해지기

오늘 사회시간에는
무얼 배웠니?

01

내가 세운 우리 집 가족 원칙 중 하나는 다 같이 아침밥을 먹는 것이었다. 그래서 우리는 아침밥을 먹을 때 가족 사이에 많은 대화를 나누곤 했다. 아침 밥상머리에서 주로 나누는 대화는 전날 학교에서 있었던 이야기, 어젯밤 보았던 TV 프로그램 이야기, 학원에서 있었던 이야기 등이었다. 회사를 다녔던 나는 저녁밥은 밖에서 먹고 가는 경우가 많았고 아이들도 할머니 집에서 먹는 경우가 많았기에 아침 식사 시간을 최대한 활용하고 싶었다.

둘째가 초등학교 4학년인가 5학년 무렵이었다. 아이가 밥을 먹으면서 어제 학교 사회 수업에서 배웠던 이야기를 꺼냈다.

"엄마, 우리나라 초대 대통령이 이승만이라는 사람이었대. 엄마 알고 있었어?"

"그럼, 알고 있었지. 근데 그건 네가 어떻게 알았어? 그걸 벌써 알다니, 대단한데!"

나는 우리나라 초대 대통령의 이름을 알고 말을 먼저 꺼낸 아이가 기특해서 칭찬부터 해주었다.

"어제 사회시간에 선생님한테 배웠어. 그런데 그분은 대통령을 너무 오래 해서 쫓겨나듯 대통령을 그만뒀대."

아이는 학교에서 대통령이 국민의 저항으로 쫓겨나듯 대통령의 자리를 그만둘 수도 있다는 것을 배우고 놀라워하는 눈치였다. 학교 이야기라면 주로 친구들과 뭐 하고 놀았는지, 누구와 어쩌다 싸우게 되었는지, 이런 친구 이야기를 할 때가 많았다. 간혹 선생님이나 학교 험담을 하는 경우도 있기는 했다. 수업 시간에 배운 교과 내용을 이야기하는 것은 흔치 않은 일이었다.

"○○야, 이승만 대통령 이야기는 무슨 시간에 배웠어? 요새는 빠르네. 초등학교에서 벌써 역사를 다 가르치고 말이야."

아이는 사회시간에 역사를 배웠다고 하였다. 사회 교과 내용에는 여러 가지 것들이 담겨 있는데 아마 4학년이나 5학년쯤부터 역사가 포함되어 있었던 모양이었다. 엄마가 자기 이야기에 맞장구를 쳐주고 자기가 아는 것을 엄마도 알고 있다고 하니 신이 났던 것 같다. 바쁜 아침 시간이었는데도 불구하고 아이는 이야기를 그칠 줄을 몰랐다. 나는 빠듯한 출근 시간 때문에 마음이 초조했지만 아이 말에 귀 기울여 주었다.

"이승만 대통령은 일제강점기가 끝나고 대통령이 됐는데 6.25 전쟁 때 무슨 다리를 폭파시켜서 사람들이 피난을 많이 못 갔대. 선거

때마다 무슨 고무신 같은 거 주고 해서, 또 사사오입인가 해서 대통령이 되기도 했대. 잘못도 많이 저지르고 너무 오래 대통령을 해서 국민들이 대통령 물러나라면서 4.19혁명을 일으켰대. 근데 사사오입이 뭐야?"

딸아이가 그때 정확히 뭐라고 말했는지 세세하게 기억이 안 나지만 '사사오입이 뭐야?'라는 말은 확실히 기억이 난다. 왜냐하면 나도 어렴풋이 알고 있던 것이라 그 자리에서 정확하게 설명을 해주지 못했기 때문이었다. 아이를 학교에 보내고 난 뒤 나는 사사오입의 정확한 뜻을 조사하였다. 저녁에 아이를 만났을 때 상세히 알려주고 싶었기 때문이었다. 그리고 그날 저녁 집에서 나는 아이에게 사사오입의 정확한 뜻과 사사오입 개헌에 대하여 설명을 해주었다.

"맞아, 기억나. 엄마 말을 들으니 선생님이 해주신 설명도 기억이 나네. 그럼 국민들이 물러나라고 했던 이승만 대통령은 나쁜 대통령인거야?"

이 질문을 시작으로 나와 딸아이는 그날 저녁 역사 이야기를 한참이나 나누었다. 초등학생이라고 마냥 어리게만 생각하여 그저 놀이 이야기, 친구 이야기, 학교 숙제 등의 신변잡기만을 대화의 소재로 삼았었는데 아이가 사회 과목을 배우고 사회 과목에서 역사를 배우게 되니 부모 자식 간의 대화가 제법 수준이 높아진 것 같았다. 대화의 시간도 꽤나 길어졌다. 아이는 학교에서 갓 배운 내용이어서 그런지 사소한 것도 기억을 곧잘 했는데 그럴 때마다 "어머, 엄마도 그건 몰랐는데, ○○는 다 배웠구나."라고 말해주니 아이는 자기가 배운 역사 부분에서는 엄마와 대등한 위치에 선 것 같은지 꽤나 뿌듯해하였다.

"○○야, 사회 과목 수업이 있는 날은 오늘처럼 배운 거 엄마한테 또 얘기해줘. 엄마도 배우고 너도 복습하는 셈 치고. 엄만 오늘 너무 좋다. 옛날에 잊어버린 거 다시 배워서 말이야."

내 말에 아이는 어깨를 으쓱하며 말했다.

"그러지 뭐. 선생님이 하시는 말씀 잘 들어야겠네."

부모 자식 간의 진지한 역사의 대화는 이렇게 초등학교 사회 과목에서부터 시작되었다.

02

할아버지 할머니는
어떻게 살았어요?

나는 일하는 엄마였다. 그러다 보니 우리 아이들은 육아를 맡아주었던 내 부모님 집에서 많은 시간을 보냈다.

우리 친정집에서는 그때까지 요강을 사용하고 있었다. 화장실이 집 안에 있으면 안 된다는 친정아버지의 이상한 논리 때문에 집을 지을 때 화장실은 집 밖 대문 가까운 쪽에 터를 잡았다. 그러다 보니 늦은 밤 효율적인 밤 볼일(?)을 위해서 하얀색 사기로 된, 커다란 나뭇잎 그림이 그려진 요강을 사용하고 있었다. 밤에 임시 화장실로 쓰이던 요강은 낮에는 잘 씻어서 거실 한구석에 잘 보관하고 있었다.

어느 날은 큰아이가 요강을 한참 노려보더니 이렇게 물어보았다고 한다.

"할아버지, 친구 집에는 요강이 없던데 우리는 왜 요강을 써?"

아이의 질문에 아버지는 요강을 사용하게 된 이유를 말해주었다고 한다. 그 말을 들은 아이는 또 이렇게 물었다고 한다.

"옛날 집들은 지금 집같이 안 생겼어? 왜 화장실을 밖에다 뒀어?"

아버지는 학문적 이유나 접근법은 모르셨지만 나름대로 갖고 있던 근거로 아이에게 최선의 대답을 하셨다.

"옛날에는 지금처럼 수세식 화장실이 아니었고 재래식이었는데, 재래식은 항아리를 땅에 묻고 항아리에 똥과 오줌이 다 차면 똥장군 지게꾼이 와서 똥장군에 똥을 퍼갔다. 항아리에 가득 찬 분뇨들을 치우려면 얼마나 냄새가 나겠냐? 그러니 화장실을 집 안에 둘 수가 없지. 그렇게 퍼 간 분뇨들은 밭에 거름으로 쓰기도 했단다."

이후로 아이들과 옛 고택이나 민속 마을 같은 곳을 여행할 때 집과 따로 떨어진 뒷간을 보면서 아이들은 할아버지가 해준 화장실과 똥장군과 거름 이야기를 나에게 해주었다.

한 번은 이런 적도 있었다.

내가 퇴근하고 집에 들어서자마자 아이 둘이 조르르 나에게 달려오더니 할아버지가 일본 노래를 부르고 일본말을 할 줄 안다며 호들갑을 떨었다. 어린아이의 눈에 외국어를 할 줄 아는 머리 하얀 할아버지가 대단히 신기했던 모양이었다. 내막을 물어본 나에게 아이들이 한 대답이 이랬다.

할아버지 할머니가 어떤 대화를 하던 중에 할머니가 '이거 몇 개인지 세어 보소'라며 어떤 물건을 건네주었다. 할아버지가 손으로 집어가며 그 물건을 세기 시작하는데 '하나 둘 셋'이 아니라 이상한 말로 세었다. 무슨 외계어인가 하고 듣다가 할아버지에게 물어보니 일본

말이라고 했다. 할아버지는 일본말도 아냐고 신기해서 물어보니 할아버지는 일본에서 태어나고 일본에서 중학교까지 다녔다고 하였다. 내가 '왜 일본에서 태어났어? 할아버지 일본 사람이야?'며 물어보니 할아버지는 우리나라 사람이 확실하고 옛날에 왜정 시절에 먹고 살길이 없어서 할아버지의 아빠와 엄마가 일본으로 건너갔고 거기서 할아버지를 낳았다. 할아버지를 더 졸라 나는 할아버지가 일본 노래를 부르는 것도 들었고 더 긴 일본말 하는 것도 들었다. 할아버지가 대단해 보였다.

이런 이야기를 전해 주면서 아이가 나에게 한 이야기는 할아버지가 말한 '왜정 시절'에 대한 이야기였다. 할아버지가 한 이야기 중에서 '왜정 시절'이라는 말이 이해가 되지 않았던 모양인지 그게 뭐냐고 더 따져 물었는데, 할아버지가 '그 시절' 이야기를 조금 더 상세히 말해 주었고 아이는 할아버지가 해주는 실감나는 옛날이야기(?)를 라디오 드라마 듣듯이 귀 기울이며 들었다고 했다. 내가 할아버지 이야기가 어땠냐고 물어보니 아이들은 할아버지가 살았던 시절 이야기를 듣는 것이 옛날이야기처럼 재미있다고 하였다.

이후로 할아버지 할머니와 손주 손녀의 대화는 가끔 6.25 이야기, 동네에 빨치산이 내려왔던 이야기, 새마을 운동 때 사방공사 나갔던 이야기, 밀가루 배급받아 수제비 끓여 먹던 이야기까지 오고 가곤 했다. 할아버지 할머니는 살아있는 역사박물관이었고 그들의 이야기는 생생한 역사 교과서였다.

나중에 아이들이 학교에서 역사를 배울 때 간략하게나마 할아버지 할머니에게서 들은 이야기들이 나오면 "어, 나는 저거 우리 할아버지 할머니한테서 들은 이야기인데!" 하면서 교과서 내용과 선생님 말씀이 낯설지 않다고 하였다. 자연스러운 역사 조기 교육이 시행되었던 것이다.

요즘은 4인 가족이 가족 형태의 주를 이루고 있고 바쁜 현대 생활과 도시 위주의 주거 생활 때문에 조부모와의 만남이 일 년에 몇 번밖에 없는 이벤트가 되어 가고 있다. 얼굴을 보는 것은 일 년에 두어 번 있는 명절 정도뿐이다. 이마저도 최근 몇 년은 코로나 시국으로 인해서 그러지도 못했다. 정말 아쉬운 일이다.

역사는 골방에 케케묵어 누렇게 바래 쌓여있는 종이가 아니다. 역사는 거창한 어떤 것도 아니다. 우리 할아버지의 삶, 우리 어머니 아버지의 인생도 하나의 역사이다. 작은 개인의 역사가 모이고 모여 거대 역사 담론이 되는 것이다. 사람은 필연적으로 외부 환경의 영향을 받을 수밖에 없다. 외부 환경도 역사이며 여기에 영향을 받아 변화하고 있는 개인의 삶도 역사의 일부이다.

현대 사회가 바빠질수록 세대 간 소통은 단절되고 갈등은 심화하고 있다. 어릴 때부터 조부모와 부모, 자식 세대 간의 소통이 이어지지 않기 때문이다. 세대 간 소통은 아이들이 다 자란 후 어느 날 갑자기 이루어질 수는 없다. 아이들이 어릴 때 조금씩 서로에게 스며들게 해야 한다.

같이 살지 않는 가족이라면, 자주 얼굴을 보지 못하는 가족이라면, 가족이 다 같이 모였을 때 가족사진을 다 같이 꺼내 보자. 사진 속 배경과 상황을 이야기하다 보면 할아버지 할머니 살았던 시절 이야기가 나올 것이다. 그러다 보면 아이들이 이렇게 물어볼지도 모른다.

"할아버지 할머니는 어떻게 살았어요?"

역사적 관심에 대한 첫 출발일 수도 있다.

03

세시풍속과
민속

초등학생들과 경복궁에서 역사 현장 체험학습을 할 때 가장 인기 있는 장소 중 하나는 경복궁 근정전이다. 왜 그럴까? 근정전이 크고 아름다워서? 근정전이 경복궁의 정전이기 때문에? 2층으로 되어있는 근정전 월대가 넓어서? 정답은 근정전 월대를 둘러 싸고 있는 동물 조각상 때문이다.

경복궁 근정전 월대의 1층과 2층에는 돌로 된 동물 형상이 있다. 이 동물들은 쥐, 거북이, 주작, 호랑이, 용, 닭, 말, 토끼 등인데 고구려 벽화에 있는 사신(북현무, 남주작, 좌청룡, 우백호)과 12지신을 대표하는 동물들이다. (얼마 전까지 근정전 월대에 있는 동물은 12지신과 동서남북 네 방향을 대표하는 사신이 있다고 알려져 있었다. 하지만 경복궁 중건 기록인 '영건일기'를 중심으로 하여 2020년 발표된 연구에 따르면 근정전 월대의 동물은 사신(현무, 백호, 청룡, 주작)과 12지신 중 4마리(쥐, 닭, 토끼, 말)의 동물과 각 방위를 대표하는 28

수 중 6마리(원숭이, 이리, 들개, 해태, 교룡, 낙타)의 동물인 것이 새로이 드러났다.)

초등학생 아이들과 현장 체험 수업을 하다가 경복궁 근정전에 가면 동물 찾기 미션을 한다. 주로 자신이 무슨 띠인지 물어본 뒤 자기 띠에 해당하는 동물을 찾고 사진을 찍어오는 미션이다. 예를 들어 체험 학습을 온 아이들이 '용'띠라면 어느 것이 용인지 찾고 사진을 찍어오라고 시키는 것이다. 아이들은 이 미션을 할 때 아주 즐거워한다. 동물을 찾느라고 근정전을 한 바퀴 다 돌아보면서 궁궐의 앞, 뒤, 옆을 다 둘러보기도 하고 돌로 된 동물들을 보고 만지면서 상상의 나래도 펼치는 거다.

미션이 끝나고 아이들에게 12지신과 띠에 대하여 이야기를 해주면 아이들은 엄청 신기해하고 좋아한다. 궁궐에 있는 유물 중에 우리 일상생활과 밀접한 것이 있으니 반갑기도 하고 신기하기도 한 것이다. 그래서 나는 경복궁 근정전에서는 꼭 12지신과 띠 이야기를 한다.

어린 학생들은 민속이나 옛것에 관심이 없을 것 같지만 작은 실마리라도 현재의 나 혹은 우리의 삶과 연결해 이야기해주면 아이들은 관심을 갖고 귀를 쫑긋하는 경향을 보였다.

한 번은 국립민속박물관에 가서 현장학습을 할 때였다. 국립민속박물관 3전시실은 '한국인의 일생'이라는 테마로 태어나면서부터 죽은 뒤 제사를 지내기 까지의 모든 과정이 유물과 체험 부스와 함께 전시되어 있다. 전시관을 한 바퀴 돌며 설명하고 체험하고 미션도 진행하였다. 모든 수업이 끝난 후 나는 참여한 학생들에게 무엇이 가장 재미있었는지 물어보았다. 그랬더니 아이들 대다수가 '돌잡이'와 '태교'라고 대답하였다. 아마도 자신들과 가장 가까운 민속이었기에 다른 것보다 더 친근하게 다가온 게 아닐까 생각한다. 수업에 참여한 학생들은 크든 작든 대부분 돌잔치를 했는데 자기가 돌잡이로 뭘 잡았는지 알고 있던 아이들은 "어, 나 이거 잡았는데. 나는 부자가 될 건 가봐!"라고 하기도 하고, "난 뭘 잡았는지 오늘 집에 가면 엄마한테 물어봐야지. 아, 공을 잡았으면."하고 궁금증을 갖기도 하였다.

이런 궁금증과 호기심이 일어날 때, 첫 돌과 돌잡이 이야기, 금줄과 생명의 소중함에 대한 이야기를 하면 아이들은 눈이 반짝반짝 빛나면서 이야기를 유심히 듣는다. 이럴 때 듣는 이야기는 얼마나 오래 기억에 남겠는가?

태교 이야기를 하면서 왜 우리나라에는 서양과 달리 태어나자마자 나이가 한 살이 되는지, 우리는 어쩌다 만 나이라는 것이 생기게 되었는지를 이야기한 적이 있었다.(태어나자마자 한 살이 되는 한국식 나이는 2023년 6월부터 폐지될 계획이다.)

우리나라에서는 아이가 생기고 그 생명이 엄마 뱃속에서 열 달을 보낼 때, 배 속에 있는 아이도 생명이라고 여기고 열 달이라는 기간을 한 살을 먹는 것으로 생각했다. 그래서 열 달이 지나고 아이가 태어나면 열 달 동안 잘 커주어 고맙고 수고했다고 나이 한 살을 먹는 것이다고 이야기하고 서양에서는 이런 관념이 없기에 아이가 태어나면 0살이라고 덧붙여 주었다. 이런 이야기는 자신들과 바로 직접 연결되는 소재라 그런지 그 어느 때보다 아이들의 집중도가 높았다.

요즘엔 설이나 추석보다 서양의 핼러윈이 아이들에게 더 친숙한 명절이 되었다. 명절이 여성들에게 고된 노동의 현장이 되고, 때로는 가족이라는 이름하에 무례한 선넘기가 오고가는 것이 명절의 풍경이 된 지 제법 오래다. 이것은 우리가 명절을 반갑게만 여기지 않는 이유가 되고 있다. 개인적으로는 조금 아쉽다. 온 가족이 명절을 같이 즐긴다면 그 속에서 나누고 배울 이야기들이 많을 것이기 때문이다. 한 예로, 추석은 고대 신라 시대에서부터 시작된 가배라는 행사에서 시작되었는데 추석에 가배 이야기를 함께 한다면 아이들은 자연스럽게 신라와 가배와 추석을 친숙하게 맞이할 수 있을 것이라고 생각한다. 어떤 계기에 어떤 이야기를 하는 것과 안 하는 것은 작아 보이지만 나중이 되면 큰 차이로 변화할 수 있을 것이다.

옛날에는 아주 큰 명절이었지만 지금은 거의 아무도 신경 쓰지 않는 단오절도 그냥 그렇게 지나가기보다 "어, 오늘은 단오절이네. 창포에 머리 감는 날인데, 날이 좋으니 이몽룡이랑 춘향이가 만났나봐."라고 언급하면서 일깨워 보자. 물론 우리 아이들이 어렸을 때 내가 이런 이야기를 하면 "요새 창포가 어디 있어? 뭔지도 모르는데. 다 옛날얘기야."라고 한 귀로 듣고 한 귀로 흘려들었었다. 그런데 거의 해마다 같은 이야기를 해서인지 단오가 되면 엄마가 맨날 창포 어찌고 하던 날이라고 기억을 해낸다. 그것만으로도 나는 만족한다. 그러면 신윤복의 그림을 볼 때, 김홍도의 민속화를 볼 때 그림들과 단오를 연결시킬 수 있는 것만으로도 의미가 있다고 생각하기 때문이다.

생활 속에 있는 민속과 풍속 이야기는 어떤 경우는 케케묵은 옛것이라고 무시당하기도 하지만, 때를 잘 엿보아 이야기를 해준다면 다른 그 어떤 것보다 관심과 호기심이 발동하여 나중까지 기억하게 되는 좋은 계기가 된다. 그래서 나는 별것 아닌 것 같은 이런 민속 이야기도 해주는 게 좋다고 생각한다. 역사는 책이나 박물관에서만 보고 느낄 수 있는 거창한 것이 아니라 우리 할아버지 할머니가 살아왔던 삶이며, 그 삶들이 차곡차곡 모여 현재의 우리 생활을 이루고 있는 것이기 때문이다.

04

옛이야기로 접하는
재미있는 역사

내가 국민학생이던 시절 우리 부모님은 책을 거의 사주지 않았다. 그런데 어찌 된 일인지 우리 집에 '우리의 민화(民話)'라는 옛이야기 책이 3권씩이나 시리즈로 구비되어 있었다. 연파랑 바탕에 아무런 그림이나 무늬도 없는 표지에 '우리의 민화'라는 글자만 커다랗게 쓰여 있는 책이었다. 나는 '우리의 민화'를 몇 번이고 다시 읽고 또 읽었다. 그러다 보니 책 속의 내용을 거의 외울 지경이었다. 읽을거리가 충분치 않아서 그랬기도 했지만, 책의 내용이 너무도 재미있었다. 세월이 지나고 나중에 보니 '우리의 민화'는 그냥 동화책이 아니라 역사를 동화처럼 꾸민 것이라는 것을 알았고, 그 책에 담긴 내용들은 대부분 실존 인물의 실제 이야기였거나 혹은 삼국유사나 조선 후기의 야담집에서 발췌한 것을 한글로 옮긴 것이라는 것을 알게 되었다.

'우리의 민화'는 세월이 가고 이사를 하면서 어느 순간엔가 사라져 버렸다. 시간이 한참 지난 후 성인이 되어서 그 책을 구하려고 했는데 도저히 찾을 수가 없어서 너무 안타까웠던 기억이 있다.

책을 읽을 때는 몰랐는데 중학교를 가고 고등학교를 가서 국사 과목을 배울 때 나는 '우리의 민화'가 내 기억의 바탕에 깔려 있었고 그 기억들이 국사 시간에 제법 도움을 준다는 것을 깨닫게 되었다. 어릴 때 이야기로 익힌 것들은 기억이 오래간다는 익히 알려진 학습 원리를 스스로 깨달았다고 할까?

부모의 경험과 사고가 자녀 교육에 영향을 미치는 것은 자명한 사실일 것이다. 따라서 '우리의 민화'를 통해서 알게 된 학습 원리를 나는 우리 아이들에게도 적용하고 싶었다. 그래서 도서관에서 책을 빌릴 때 명작 동화와 창작 동화를 빌리면서 한국 신화나 위인전을 같이 빌려서 갖고 오곤 하였다. 명작 동화와 창작 동화로 문학적 감수성을 키우고 싶었고 신화나 위인전을 통해서 역사에 대한 바탕을 깔아 주고 싶었다.

그런데 어찌 된 일인지 우리 아이들은 내가 '우리의 민화' 푹 빠졌던 것처럼 옛이야기의 매력에 빠지지 않는 것이었다. 내가 재미있는 책이라고 읽어보라고 해도 아이들은 '마법천자문'이나 '내일은 실험왕' 류의 책은 여러 번 반복해서 읽었으면서 신화나 위인전은 책장을 자주 들춰보지 않았다. 이런 이유로 아이들이 좋아하는 학습만화류의 책을 사거나 빌려서 갖다 줄 수밖에 없었다.

'재미있는데 왜 아이들은 읽기 쉬운 만화만 볼까? 한번 보면 재미있어서 자꾸 볼 텐데.' 이런 생각을 하곤 했다. 그때는 몰랐는데 나중에 시간이 지나서 되새겨 보니 이유는 분명히 있었다. 바로 내가 책을 아이들과 같이 읽지 않았고 내가 책을 읽어 주지 않은 것이었다.

운이 좋았던 탓에 아이들은 한글을 일찍 뗐다. 나는 회사 일로 바빴고 퇴근하고 집에 오면 피곤한 상태여서 아이들과 나란히 앉아서 책을 읽어 주는 시간을 많이 갖지 못했다. 도서관에서 같이 빌려온 책을 같이 읽는 것은 내 컨디션이 좋거나 일찍 집에 왔을 때뿐이었다. 대개는 아이들이 글을 읽을 줄 아니까 책을 빌려다 주면 알아서 책을 읽겠거니, 생각하였다. 그런데 사람은 아이나 어른이나 쉬운 것에 먼저 마음이 가고 손이 가게 마련이다. 이 단순한 논리를 육체 피로를 이유로, 우리 아이들을 믿는다는 핑계로, 전적으로 아이들에게 맡겨버린 것이었다. 그러다 보니 아이들은 글밥이 많은 동화나 위인전보다 형형색색의 그림이 있고 글이 말풍선 안에 구어체로 되어 있어서 짧고 이해하기 쉬운 학습만화 위주의 독서를 했던 것이었다. 물론 학습만화가 나쁘다는 것은 아니다. 마법천자문을 통해서 한자와 재미있는 이야기를 알게 되어서 많은 도움이 되었지만 내가 원래 의도했던 바가 아니었기에 이렇게 해도 되나, 하는 우려를 했던 것은 사실이었다.

그래서 내가 선택한 방법은 그냥 이야기를 들려주는 것이었다. 잠자리에 들었을 때 불을 다 끄고 아이들 옆에 누워서 내가 아는 옛날이야기를 잠자리 동화 대신 들려주었다. 동화 구연을 배운 것도 아니고 말재간이 썩 있는 것은 아니었지만 내가 읽었던 '우리의 민화'

를 떠올리고 복기하면서 바보 온달 이야기를 하였고 조선 시대 학자였던 김안국과 그의 아내 이야기를 해주었다. 고주몽이 아버지 찾으러 갔던 이야기, 백일홍 이야기, 백제를 세운 소서노 이야기 등등 원래 알고 있던 이야기를 해준 적도 있었고 아이들에게 이야기를 해주기 위해서 수집하고 공부한 이야기를 해준 적도 있었다. 아이들은 엄마가 자기들을 재우려고 해준 옛날이야기가 재미있어서 자지도 않고 옛날 이야기를 또 해달라고 해서 곤욕을 겪은 적도 여러 번이다.

내가 역사를 좋아하고 관심이 있다 보니 들려주는 이야기도 역사에 바탕을 둔 이야기가 많을 수밖에 없었다. 내가 그랬던 것처럼, 나는 우리 아이들이 은근히 스며든 이야기를 통해 역사적 사실을 자연스럽게 떠올릴 수 있을 것이라고 생각했다. 내 생각은 아이들이 고등학생이 된 후에 어느 정도 타당성이 있는 것으로 드러났다. 아이들 둘 다 역사 과목은 비교적 쉽다고 느끼고 특별한 공을 들이지 않았기 때문이다.

물론 내 노력 때문에 그런 것만은 아닐 수도 있다. 하나의 결과는 여러 원인들이 모이고 모인 후 화학 반응이 일어나서 생기기 때문에 나 외에 다른 내부적 혹은 외부적 요인이 있었을 수도 있다. 하지만 나는 애써 아이들 어릴 적 내가 이야기로 들려준 역사가 아이들 머릿속이나 마음속 어딘가에 저장되어 있다고 믿고 있다.

우리 고장의 인물,
우리 고장의 유적지

역사라고 해서 거창하게 궁궐을 가야 할 것 같고 아주 커다란 국립 박물관을 가야 할 것 같다는 선입견이 있는데 이것은 그야말로 우리가 갖고 있는 오해 중 하나이며, 우리가 역사를 어렵게 느끼게 하는 요인 중 하나이다.

지금 궁궐은 전부 다 서울에 집중되어 있다. 부여나 백제 그리고 경주에 백제와 신라의 궁궐이 있었겠지만 다 사라지고 지금은 궁궐 터만 남아있다. 그래서 궁궐을 보려면 서울에 가야 하는데 서울이나 수도권 사람을 빼고 다른 지역 사람들은 궁궐 하나 보는 것도 아주 큰 맘을 먹고 꽤 큰 비용을 들여야 볼 수 있는 것이다. 국립박물관도 비슷하다. 우리나라에는 국립박물관이 중앙박물관을 포함하여 모두 14개(서울, 경주, 부여, 공주, 나주, 익산, 춘천, 진주, 제주, 광주, 전주, 대구, 김해, 청주)가 있는데 해당 도시가 아닌 다른 곳에 사는 사람은 국립박물관에 가기 위해서는 역시나 꽤나 많은 품을 들여야 하는 것이다.

지방자치제가 실시된 이후로 각 지역마다 갖고 있는 문화 자원을 활용하는 방법이 나날이 발전되고 있다. 작은 소도시라도 향토박물관 하나 정도는 거의 다 갖고 있고 민속박물관이나 자연과학 박물관 등을 합치면 한 도시에 서너 개의 박물관을 갖고 있기도 하다.

박물관만 그러하겠는가? <나의 문화유산답사기>를 펴낸 유홍준 전 문화체육부 장관은 우리나라를 일컬어 '전 국토가 박물관'이라고 했는데, 그가 답사를 다녀보니 우리나라는 반만년 유구한 역사를 지녀 발 닿는 곳마다 오래된 역사의 흔적이 없는 곳이 없더라, 는 뜻을 한 문장으로 멋들어지게 표현한 것이었다.

서울이 아니어도 부여, 공주나 경주가 아니어도 전 국토가 박물관인 만큼 사는 곳에서 약간만 관심을 갖고 둘러보면 수많은 역사 유적지와 문화 관광지를 찾을 수 있다. 그리고 거기에는 역사 유적과 인연이 있는 역사 인물의 사연도 담겨 있게 마련이다. 어릴 때부터 살고 있는 곳에서 살아있는 역사를 체험하는 것, 바로 우리 고장의 역사 현장을 방문하는 것에서부터 시작된다.

우리 아이들은 경상남도 양산에서 태어나고 자랐다. 당시에 양산은 부산 옆에 붙은 작은 도농 복합 도시였다. 역사적으로는 신라 땅이었고 신라 시대 당시 삽량주라는 이름을 가진 지역이어서 신라 시대 유명 사찰인 통도사가 양산에 있다. 우리는 놀이동산 가듯이 통도사를 다녔다. 가까이 있기도 했거니와 절이 아주 크고 예뻐서 봄가을 나들이로 가기에 안성맞춤이었다. 통도사는 신라 시대 자장율사가 지은 사찰로 부처님의 진신사리가 모셔져 있는 우리나라 3대 사찰 중의 하나이다. 통도사를 둘러보면서 문화재에 쓰인 안내판을 꼼꼼히 읽어보며 문화재 공부도 하고 역사 공부도 하였다. (안내판은 단순히 각자 읽는 것이 아니라, 엄마인 내가 먼저 읽어 보고 아이들에게 해설하는 방법으로 같이 읽는다.)

양산에는 통도사 말고도 내원사라는 계곡이 유명한 사찰이 있는데 내원사 역시 신라 시대 원효대사가 창건한 절이다. 우리 가족은 통도사와 내원사를 틈만 나면 다녀오면서 자의든 타의든 신라 시대에 대하여 많이 듣고 보고 알게 되었다. 오죽하면 아이들은 중학생쯤 되었을 때 "이제 통도사는 그만!"이라고 선언할 정도였다.

신라 시대 설화 중에 망부석 설화가 있다. 삼국유사에 나오는 이야기인데 이야기는 이러하다.

옛날 옛적 신라 시대 눌지왕 시절에 박제상이라는 사람이 살았는데 그는 삽량주(양산)에 살면서 삽량주간이라는 삽량주를 다스리는 관리였다. 당시 눌지왕의 동생이 고구려와 왜에 볼모로 잡혀가 있었는데 박제상은 이 두 사람을 구출하라는 명을 띠고 고구려와 왜로 떠났다. 고구려에서 한 명의 동생을 구출하고 왜로 간 박제상은 왜의 높은 사람의 신임을 얻게 되었고 어찌어찌 눌지왕의 동생을 구출하는 데는 성공하지만, 자신은 미처 빠져나오지 못하고 죽음을 맞이하게 되었다. 박제상이 왜로 떠난 후 박제상의 부인은 동해 바다가 바라보이는 언덕에서 매일 박제상을 기다렸는데 돌아오지 않는 남편을 기다리다 그만 돌이 되어 버렸고 이 돌을 훗날 사람들은 망부석이라 불렀다.

박제상이라는 인물이 양산 출신이다 보니 양산에서는 박제상과 망부석 이야기는 어디에서나 알 수 있는 이야기였다. 아이들은 학교에서도 박제상 이야기를 들어 알고 있었고 나도 박제상 이야기를 종종 하면서 망부석이 있다는 양산과 가까운 울산 울주군에 찾아가기도 하였다. 역사를 이야기하면서 말로만 하는 것보단 현장을 가고 직접 느끼는 게 더 실감 나지 않을까 하는 생각에서였다.

양산과 가까운 곳에는 김해가 있다. 김해는 가야의 수도로 김수로 왕의 흔적이 많이 남아있는 곳이다. 우리의 고장은 아니지만 우리 고장과 가까운 곳이기에 김해도 일 년에 두어 번은 가곤 했다. 김수로왕 무덤과 김해 박물관, 김해 대성동 고분군을 둘러보며 가야 시대를 같이 알아보기도 하였다. 특히 나는 김해 김씨라, 김수로왕릉을 돌아볼 때는 김수로왕의 탄생에 얽힌 이야기와 허황후와의 결혼 이야기 등을 나누면서 역사를 공부한다는 느낌보다 조상님을 뵈러 온다는 기분을 가지도록 분위기를 조성하려고 했다. 어떻게 하면 쉬운 접근을 할까 늘 고민을 하다 보니 온갖 아이디어를 다 내게 된 것이다. 게다가 김해는 굳이 역사 탐방이 아니더라도 산책을 즐기기에도 더없이 좋은 곳이기도 하였다.

아이들이 좀 더 크고 나서 우리 가족은 충남 아산과 경기도 수원으로 이사를 가게 되었다. 아산과 수원에서는 아이들이 훌쩍 커 버려서 엄마 아빠가 데리고 다닐 나이는 아니라서 고장의 유적지 탐방과 인물 공부를 위한 나들이를 자주 하지는 못했지만 거기에서도 현충사에서 이순신을, 수원화성 방화수류정에서 정조를 이야기하면서 가족끼리 역사가 담긴 격조(?)있고 오붓한 대화의 시간을 가지곤 했다.

고장과 가까운 역사 유적지와 고장의 인물을 어려서부터 자연스럽게 접하다 보니, 청소년이 되어 어느 도시의 어느 유적지나 어떤 인물의 박물관이나 생가를 가보자고 해도 별 거부반응이 없이 당연히 그러는 것으로 생각하는 사람으로 자라났다. 어떤 경우는 아이들이 먼저 어디에는 무슨 박물관이 있다더라, 혹은 누군가 태어나고 죽은 곳이라더라, 엄마가 좋아하니 한번 가봐야 할 것 같다는 말을 먼저 꺼내기도 한다. 말로는 엄마가 좋아해서 그런다고 하지만 본인들도 절대 싫다면 그런 말을 꺼내지 않을 텐데, 가보자고 먼저 말을 꺼내는 걸 보니 세뇌(?)가 되었나 보다.

주말에 거창한 곳으로 사람 많고 복잡한 곳으로 가는 여행은 출발할 때는 설레지만 가고 오는 길에 지치는 경우가 허다하다. 나들이 계획 중 가끔은 우리 고장의 문화재, 향교, 서원, 박물관, 누군가의 생가, 조그만 사찰을 방문하는 것으로 세워보는 건 어떨까? 거리도 가깝고 의외의 수확을 거둘 확률도 높다. 아주 작고 초라해 보이는 유적지라도 자세히 보면 그 속에도 수많은 시간과 사건이 쌓이고 쌓여 대하드라마 한 편 정도 뚝딱 나올만한 스토리가 담겨 있다.

과거와 달리 지방자치단체 차원에서 관광과 여행의 활성화를 위해 작은 도시라 하더라도 잘 꾸며진 곳들이 점점 늘어나고 있다. 가까운 우리 고장에서부터 시작하여 그 범위를 점차 넓혀 가다 보면, 우리 아이들의 역사와 옛 인물에 대한 지식 역시 넓어져 가는 여행의 범위만큼 점차 확대되어갈 것이라고 생각한다.

06

책으로 친해지는
우리 역사

지금 우리는 영상매체가 발달하여 그 어느 정보 전달 체계보다 우위를 점하고 있는 세상에 살고 있다. 오락도, 학습도, 강의도 그리고 수업도 영상, 즉 시각 자료에 의존하는 빈도와 강도가 점점 높아지고 있다. 유튜브는 전 세계인이 제일 사랑하는 플랫폼이 되었다. 사람들은 종이책의 소멸을 걱정한다.

과연 책은 사라질 것인가? 이에 대하여 많은 학자들과 문화 리더들은 '아니'라고 한다. 물론 책의 소비가 줄어들 수는 있어도 절대 사라지지는 않을 것이라고 한다. 나도 이 견해를 절대 지지하는 사람이다.

서울대에 입학했던 아들은 이제 20대의 건장한 청년이 되었다. 그도 여느 청년들처럼 책은 의무로 볼 뿐 지식과 문화의 소비는 대개 영상을 이용하고 있었다. 한때 아들은 '시대가 바뀌었으니 책을 보라고 자꾸 강권하는 것은 시대에 뒤떨어진다.' '습득해야 하는 지식과 정보의 양이 얼마나 많고 속도가 빠른데 언제 책을 보고 지식을 획득하냐?' '더 빠른 방법을 이용해야 한다.'는 의견을 피력하였다. 책을 말하는 엄마가 시대에 뒤떨어져 있다던 아들이었다.

그런 아들이 어떤 계기로 인하여 좀 깊이 있는 지식과 정보를 습득해야 할 일이 생겼다. 인터넷 강의도 보고 책도 보고 많은 방법을 동원하고 있다고 한다. 그런 아들이 나에게 이런 말을 해왔다. "엄마가 왜 책이 중요하다. 책을 좀 봐라. 책을 보고 정리하는 습관을 가져라고 했는지 확실히 알겠다. 좀 더 어릴 때 엄마 말 들었으면 좋았을걸." 조금 늦었지만, 이제라도 알게 된 아들이 대견했다.

여전히 책은 정보의 획득에 있어 많은 부분을 차지한다. 시각을 통해 말초신경으로 전달하는 영상 지식보다 텍스트를 통하여 머리가 생각하고 상상이라는 노동을 통해 획득한 지식이 더 오래 우리 뇌리에 남아있는 법이다. 그것이 무엇이든 간에, 더 노력을 기울인 것이 더 오래 남아있게 되어있다.

매일 운동하는 사람에게는 운동하는 것이 어렵지 않다. 아침에 일어나서 양치하는 것처럼 당연한 일과이고 습관이 되었다. 그렇지 않은 사람에게 운동은 큰맘을 먹어야 하는 것이고 몸이 너무 힘들다고 느끼는 고된 일이다. 운동이 습관이 되지 않은 사람들은 시간이 지나면 대개 건강이 나빠지고 살이 찌게 된다. 나는 독서가 운동과 같다고 생각한다.

어릴 때부터 책을 읽는 습관이 된 사람은 책을 읽고 상상하고 생각하는 것이 재미있기까지 하지만 그렇지 않은 사람은 책을 펴는 것 자체가 하나의 노동이다. 큰맘을 먹어야 한다. 시동이 걸리기까지 오랜 시간을 들여야 한다. 그래서 책을 멀리하게 된다. 그러면 우리 뇌는 생각과 상상에서 멀어진다. 시간이 지나면 우리는 복잡한 것을 싫어하고 단순한 사람이 될 가능성이 아주 높다.

서두가 길었다. 그만큼 책의 중요성을 이야기하고 싶었기 때문이다.

거의 모든 분야에서 책은 가장 좋은 지식과 수양의 도구이다. 우리 아이들이 역사와 친해지게 하는 데도 여행, 현장 체험, 유튜브 등 많은 도구들이 있지만 여전히 가장 좋은 것은 책이다. 서점에 가면 아주 많은 어린이 역사책이 있다. 인기가 좀 있다 싶은 책은 거의 다 만화로 된 책들이다. 인터넷 서점에서 어린이 역사책을 베스트셀러 순으로 찾아보아도 상위 순서에는 만화로 된 역사책들이 자리를 차지하고 있다.

상위를 차지한 인기 역사책은 '설민석의 한국사 대모험' '용선생의 만화 한국사' '최태성의 한국사 수호대' 등이다. 나는 만화로 된 책이라도 아이들이 좋아하고 읽기만 하면 상관없다고 생각한다. 우선은 흥미를 끄는 것이 중요하다. 흥미가 있고 재미가 있어야 한다. 처음부터 재미를 잃어버리면 책과 역사와 우리 아이는 멀어질 수도 있다. 일단은 만화든 뭐든 재미를 갖게 하자. 그래야 다음이 있다.

설민석이나 용선생 그리고 최태성은 글자를 아는 초등 저학년부터 읽어도 무방하다. 모험과 미션을 하면서 이야기도 읽을 수 있어서 아주 좋다. 초등 고학년들도 계속 읽어도 좋다. 가장 좋은 학습법은 '반복'이다. 같은 내용이라도 여러 번 보면 저절로 연상이 된다. 신석기 하면 빗살무늬토기가 자동으로 따라 나오게 되어 있다. 그러니 만화 역사책이라도 아이들이 좋아한다면 자주자주 읽어도 내버려 두자. 만화만 본다고 뭐라 하지 말고, 고학년이니 글로 채워진 다른 책을 보라고 다그치지도 말자. 책이면 충분하다. 다만, 역사 만화를 엄마도 같이 보고 책 내용을 아이들과 같이 이야기한다면 책을 단순히 보는 데 그치는 것이 아니라 보고 익힐 수 있을 것이다. 그러니 엄마도 같이 역사 만화책을 보도록 하자. 효과는 배가 된다.

혹시 만화책만 본다고 걱정이 되는 부모님이나 다른 책도 같이 보게 하고픈 엄마들에게는 삼국유사와 삼국사기 그리고 민담집을 추천하고 싶다.

서양 세계에 그리스 로마신화가 있다면 우리나라에는 삼국유사와 삼국사기가 있다. 물론 판타지 경향이 있는 일연 스님이 편찬한 삼국유사와 정사 위주로 고려 왕의 명을 받아 김부식이 편찬한 삼국사기는 조금 성격이 다르긴 하다. 지금 우리가 아는 고조선과 삼국시대 역사는 삼국유사와 삼국사기가 거의 다라고 해도 무방하다. 삼국유사에는 온갖 탄생 설화가 있고 우리 동네 역사 인물이었던 박제상 이야기도 있다. 어느 사찰의 건립 신화, 어느 인물이 겪은 기이한 이야기가 역사라는 카테고리에 묶여 그 어느 책이나 이야기보다 친근하게 다가온다.

　서점에 찾아보면 다양한 종류의 어린이 삼국유사와 어린이 삼국사기가 출판되어 있다. 책마다 선정된 이야기는 비슷하다. 그림체나 책의 크기, 글씨 크기나 글씨체 등을 보고 아이들이 좋아하는 판본으로 보면 된다.

　직접적인 역사는 아니지만 민담집도 아이들 권장 도서 목록에 추가하고 싶다. 내가 어릴 때 읽은 '우리의 민화'도 일종의 민담집이었다. 민담은 입에서 입으로 오랫동안 우리 민족 사이에서 전해져 내려오는 구비 문학이다. 지식으로 알아야 하는 구체적 역사와 어쩌면 거리가 있을지 모르지만, 민담은 아주 오랫동안 켜켜이 쌓여 온 우리의 이야기로서 그 속에 우리의 혼과 얼이 은연중에 묻어나온다. 민담은 내가 어릴 때만 해도 할머니 무릎을 베고 들었던 이야기였으며 잠이 오지 않는 여름밤 할머니가 어린 손주를 뉘어 놓고 속삭여 주던 이야기들이다. 하지만 요즘은 할머니에게서 이야기를 들을 형편이 못된다. 같이 살지도 않을뿐더러 할아버지 할머니를 만난다 해도 시간적 제약이 따른다. 또 지금의 할아버지 할머니는 민담을 모를 수도 있다. 어쩔 수 없이 민족의 옛이야기는 책으로 볼 수밖에 없다.

　21세는 콘텐츠의 시대이며 스토리텔링의 시대다. 무엇이든 콘텐츠를 가지고 스토리로 만들려고 한다. 그래야 팔린다. IT도 콘텐츠로, 지식도 콘텐츠로, 과학도 콘텐츠로 가꾸어서 스토리로 만들어 사람들에게 선보이고 있다. 그래서 융합, 컨버전스라는 말이 트렌드로 자리 잡았다.

콘텐츠와 스토리는 그냥 나올까? 어릴 때부터 차곡차곡 쌓인 밑그림이 그려져야 한다. 밑그림이 있어야 그 위에 IT든, 과학이든, 인문사회 지식이든 덧칠하고 채색할 수 있다. 콘텐츠와 스토리를 만드는 밑그림이 나는 그리스 로마신화, 북유럽신화와 같은 옛이야기라고 생각한다. 실제로 많은 문화 콘텐츠들이 이것을 모티프로 하는 경우가 아주 많다. 유명한 어벤져스 시리즈의 토르 이야기도 북유럽 신화가 모티프가 되었다. 또한 나는 여기서 강조하고 싶은 것은 우리의 민담이나 삼국유사도 충분히 좋은 콘텐츠의 밑그림이 될 수 있다는 것이다.

콘텐츠를 스토리로 만들어 이야기를 빌드업하는 것 - 요즘 통하는 방식이다. 이를 위해서 많은 이야기를 접할수록 좋다. 스토리와 콘텐츠의 빌드업에는 역사와 신화와 민담이 아주 좋은 교재라고 생각한다.

아쉽게도 민담과 관련된 책은 종류가 많지 않다. '한국의 민담'(서문당, 임동권 지음)은 수많은 민담이 실려 있지만, 어른용이라 아이들이 보기에는 좋지 않다. '처음 만나는 한국민담'(미래주니어, 권도영 지음)은 초등학생용 책인데 이야기가 열 여덟 개 밖에 없어서 아쉽다.

역사 만화, 민담과 설화로 역사에 대한 근육이 어느 정도 생겼다면 조금 더 글자가 많은 책을 도전해 보자.

'조선 사람의 하루'(북스마니아, 구완회 지음)는 조선 시대에 살았던 사람들의 삶을 계층별로 신분별로 직급별로 그림과 함께 잘 설명해 놓았다. 통사는 아니지만, 미시의 역사로 그 시대 사람의 삶을 보기에 아주 적합한 책이다.

조금 더 수준을 높여본다면, 어린이 역사책 분야에서 스테디셀러를 기록하고 있는 '한국사 편지 1~5'(책과함께어린이, 박은봉 지음)는 엄마가 딸에게 이야기하는 방식으로 선사시대부터 현대까지 잘 서술되어 있다. 아이가 혼자 봐도 좋고 엄마와 아이가 같이 본다면 더 좋은 책이다.

우리와 가까운 역사이면서 현재의 우리에게 가장 많은 영향을 끼치고 있는 조선 시대의 역사를 흐름과 함께 원인과 결과를 꿰뚫으면서 보기에는 조선왕조실록만큼 좋은 것이 없다. 조선왕조실록은 인터넷에 번역이 잘 되어 있지만 그걸 보기에는 가독성이 떨어지고 분량도 너무 많다. 하지만 조선왕조실록도 만화로 나와 있다. 박시백의 '조선 왕조실록' 20권은 어른이 읽어도 아주 재미가 있다. 아이가 보기에는 조금 어려울 수도 있다. 하지만 재미를 붙인다면 아주 잘 쓰인 대하 장편소설을 보는 것 같이 쫄깃한 재미가 있다. 집에 구비해 놓고 두고두고 봐야 하는 책이다.

마지막으로 EBS에서 5분짜리 영상으로 방송된 지식채널e의 연장 선상으로 나온 '역사e'라는 프로그램이 있었다. 방영된 5분 영상에 상세한 역사 설명을 덧붙여 5권짜리 책이 발간되었는데, 책 제목도

'역사e'(북하우스, EBS역사채널/국사편찬위원회 펴냄)이다. 정치, 경제, 문화, 과학 등 다양한 분야와 선사, 조선, 고려, 삼국, 일제 강점기 등 폭넓은 역사 시대를 다루고 있는 책이다. 이 책을 보다 보면, 아, 이런 것도 있었구나! 라고 느끼는 지점이 아주 많다. 우리가 당연히 여기는 것들이 알고 보면 과거 누군가가 일생을 바쳐 이루어 놓은 것인 경우가 참으로 많다는 것을 알게 된다. 역사란 이렇게 누군가 지나간 작은 발자취와 행동들이 모이고 모여 지금의 나 혹은 우리를 이루는 것이라는 단순한 진리를 보여주는 책이다. 이 역시 소장하고서 두고두고 곱씹어 봐도 좋을 책이다. 아이들에게 설명이 어렵다면 영상을 책으로 편집한 부분만 봐도 상관없다. 분명 재미있고 감동적일 것이기 때문이다.

이 외에도 차고 넘치는 것이 책이다. 다 이야기하지 못하는 것이 못내 안타까울 따름이다.

읽어야 할 많은 것들이 있고 봐야 할 수많은 정보들이 넘쳐나지만 잠깐이라도 여기 언급된 책과 콘텐츠를 접촉한다면 그 사람은 생각이 앞선 사람이라고 부르겠다.

시사
흘려듣기

01

오늘이 곧
역사

역사라는 단어를 인터넷 사전에서 검색해보면 다음과 같이 되어 있다.

> **역사:** 인류 사회의 발전과 관련된 의미 있는 과거 사실들에 대한 인식

사전에도 나와 있듯이 우리는 보통 역사라고 하면 '과거의 사실'이라고 생각한다. 만약 역사가 과거의 사실로만 한정된다면 우리는 역사라는 테두리 안에 너무 오래된 옛이야기-삼국시대, 고려, 조선 시대만을 역사의 범주 안에 포함시키게 될 것이다. 이렇게 되면 역사는 '외울 것이 많게' 되고 '너무 많은 일이 일어나서 순서조차 헷갈리게' 될지도 모른다. 우리나라같이 오랜 역사를 가졌다면 반만년 역사의 분량에 우선 압도당하게 마련이다. 그리고 이것이 우리가 역사를 어

려워하고 두려워하는 가장 큰 이유가 된다.

하지만 달리 생각해 보면 역사는 천오백 년 전 삼국시대 사람들이 살았던 혹은 천 년 전, 고려 시대 사람들이 하루하루를 보냈던, 그리고 오백 년 전 조선 시대 사람들이 살았던 일상을 요약한 기록이며 흔적이다. 그 시대를 기준으로 하면 '오늘을 살았던 당시 사람들의 흔적'이 역사인 것이다. 그렇다고 하면 지금 오늘 현재의 일들은 얼마 지나지 않아 역사가 되는 것이다.

2022년 2월 24일에 러시아가 우크라이나를 침공했다. 전쟁이 발발한 것이다. KBS 9시 뉴스에서는 이 뉴스를 다음과 같은 앵커의 보도로 시작하였다.

"여러분 안녕하십니까? 결국 러시아가 우크라이나를 공격해 들어갔습니다. 푸틴 대통령이 군사작전 개시를 선언한 뒤 새벽 시간 수도 키예프를 비롯한 주요 도시에 미사일 공격이 시작됐고 우크라이나 동, 남, 북쪽에서 러시아 지상군이 국경을 넘었습니다."

러시아가 우크라이나를 침공한 것은 2월 24일 하루에 일어난 사건에 불과하였다. 하지만 2월 25일이 되고 3월 1일이 되고 4월 1일이 되었을 때 이 사건은 어떤 방식으로는 흘러갈 것이다. (지금도 전쟁은 현재진행형이다) 그리고 우리는 대중 매체가 아주 발달된 현대에 살고 있기 때문에 비록 남의 나라에서 일어나는 일이지만 러시아-

우크라이나 전쟁 소식은 마치 우리나라 어느 지역에서 일어나는 일인 것처럼 상세히 보도된다. 다시 말하면 우리는 러시아의 우크라이나 침공이라는 사건을 시간 순서대로 보고를 받고있는 것이다.

전쟁이 터지고 여러 달이 지났다. 전쟁은 어떤 형태로든 우리에게 영향을 미치고 있다. 러시아의 대유럽 가스 공급이 위태로워 에너지 가격이 올랐다. 전쟁이 진행되고 있는 우크라이나에서는 밀과 옥수수의 파종을 못해 2022년 농사는 글렀다. 우크라이나에서는 밀과 옥수수를 수확하지 못하게 될 거다. 우크라이나는 전 세계 식량의 30%를 공급하고 있다고 한다. 지금 세계는 올 연말이나 내년에 식량 위기를 걱정하고 있다.

2월 24일 발생한 러시아 우크라이나 전쟁은 2월 24일 그날과 그 다음 날에는 하나의 사건이었지만 일여 년이 다 되가는 지금 전쟁은 역사가 되었다. 이 역사적 사건의 여파로 지금 세계는 에너지에서 시작한 물가 인상을 겪고 있고 나중에는 식량의 부족도 예상되고 있다. 2월 24일의 전쟁은 이제 과거의 사실, 역사가 되었다.

나는 지금 현재 일어나는 모든 것들, 오늘의 일들이 곧 역사라고 생각한다. 그래서 우리는 오늘 일어나는 사건들을 그냥 흘려보내지 말아야 한다고 생각한다. 지금 일어나는 사건들은 과거 언젠가 있었던 일일 수도 있으며 앞으로 언젠가 반복될 일일 수도 있다. 한번 일어난 사건과 비슷한 사건의 맥을 잘 짚고 있으면 다른 유사한 것도 유추가 가능해진다.

과거에 일어난 무수한 일들은 분량에 치이고 멀고 먼 시대의 거리감에 치여 어렵다는 생각이 들지만, 지금 현재 내 옆에서 우리 곁에서 벌어지는 일들은 상대적으로 더 친밀하게 쉽게 다가갈 수 있다. 하루하루 그리고 오늘 내일의 사건들을 뉴스와 함께 따라가 보자. 몇 달이 지나고 일 년이 지나면 우리도 모르는 사이에 역사적 사건 하나를 통달해 있을지도 모른다. 그러고 난 후 아이들이 "엄마, 러시아 전쟁이 일어나서 나중에 어떻게 됐어?"라고 물어볼 때 우리는 역사책을 찾아보지 않아도 인터넷 검색을 하지 않아도 대략적인 역사적 사건의 개요 정도는 말해줄 수 있을 것이다. 내가 시사 뉴스에 관심을 보이는 이유 중 하나이다.

오늘 깨어 있어야 내일 벌어지는 일의 의미를 깨달을 수 있다.

02

영어 흘려듣기 보다 중요한 시사 흘려듣기

자녀의 영어 교육에 있어서, 영어 흘려듣기만큼 좋은 것이 없으며, 따라서 영어 콘텐츠를 수시로 들려주어 아이들에게 영어를 최대한 많이 노출시키는 것이 중요하다고 생각하는 영어 교육의 풍토는 내가 아이를 키울 때나 지금이나 마찬가지인 것 같다.

내가 아이를 키울 때도 영어 교육은 열풍이었다. 아니, 우리나라에서 영어 조기 교육이 열풍이 아닌 적이 없었다. 아이가 조금 크면 엄마들은 너나 할 것 없이 똑똑한 아이로 만들기 위해서 이런저런 공부를 한다.

우리 아이가 초등학교를 입학하였을 때 회사의 재무부 팀장이 책을 한 권 선물해주었다. 책 제목은 '잠수네 영어 공부법'. 나는 생전 처음 들어보는 책이었는데 재무 팀장님 왈, "요새 아주 인기 있는 초등 자녀 교육서라네. 우리 와이프도 이거 사서 아이들 한동안 공부시키곤 했는데, 자네한테 도움이 될까 해서 아이 입학 선물로 준다."라고 하였다. 나는 진심으로 고맙다고 하였고 진심으로 그 책을 열심히 읽었다. 내가 '잠수네 영어 공부법'을 열심히 읽었다고 해서 잠수네처럼 우리 아이들 영어 공부를 열심히 시켰을까? 시쳇말로 '천만의 말씀 만만의 콩떡'이다.

영어 공부를 시키려고 노력은 무던히도 하였다. 하지만 내 노력의 결과는 부모 자식 간에 사이가 멀어지는 결과를 불러왔다. 잠수네 영어 공부법의 주된 방법은 영어의 노출을 최대화하라는 것이었다. 그래서 수시로 영어로 된 테이프나 CD(그때는 유튜브가 막 생겨서 대중화되기 전이었다)를 틀어주고 영어로 된 책도 많이 읽어 주라고 하였다. 나는 잠수네처럼 우리 아이들에게 영어를 최대한 많이 노출시키려고 하였다. 퇴근 후 집에서 영어로 대화를 시도하였다. 아침에 일어나면 영어 노래를 기상송으로 틀어주었다. 잠자리에 들 때도 영어 동화 테이프를 틀어 놓곤 하였다. 결과는 어떻게 되었을까? 우리 아이들은 영어에 반감이 생겼을 뿐 아니라 엄마인 나에게도 반감을 갖고 말았다.

물론 '잠수네 영어 공부법'은 아무 잘못이 없다. 아이가 초등학교 입학할 즈음 갑자기 영어 공부를 그것도 아주 빡세게 시작한 내가 문제였다-는 것을 지금은 안다. 아주 어릴 적부터 스며들게 한 언어가 아닌 공부로 언어를 접하게 하니 아이들은 당연히 반감을 가질 수밖에 없었을 것이다. 그리고 나 자신부터가 '이렇게까지 외국어를 시켜야 하나?'는 생각을 가지고 있었고 내가 영어에 많은 자신감이 없었다는 것이 두 번째 이유였다. 그리고 또 하나, 우선 나 스스로가 하루의 많은 시간을 영어에 몰입하기에 너무 스트레스를 받았다. 내가 즐겁지 않으니 교육이 제대로 될 리가 없었다. 시행착오를 거치며 조기 영어 공부는 우리 집에서 일찌감치 폐기되었다.

영어 테이프와 CD가 없어진 빈 공간은 우리 집에서는 뉴스로 채워졌다. 우리 집에서 뉴스는 매일 먹는 밥과 같았다. 아침에 일어나면 뉴스를 틀어 놓았다. 식탁을 차리면서 출근 준비나 등교 준비를 하는 동안 TV에서는 아침 뉴스가 방송되고 있었다.

아이들을 아침저녁으로 할머니 집까지 차로 픽업하는 시간에도 나는 차 안에서 라디오 뉴스 프로그램을 켜놓고 다녔다. 일단 우리나라 말이라 그런지 뉴스가 나오는 것에 대해서 아이들은 영어만큼의 반감은 없었다. 썩 좋아하지는 않았지만 그렇다고 적극적으로 반감을 표시하지도 않았다. 우리 집은 어느덧 뉴스와 함께하는 가정이 되어갔다.

그러다 보니 뉴스에서 반복되어 나오는 단어들이 또 나오면 아이들은 아는 체를 하기도 했다. "어, 저 말은 전에도 나왔는데 또 나오네? 저게 무슨 말이지?"라고 묻기도 하고 "우리나라에는 민주당하고 한나라당 밖에 없나? 맨날 민주당 한나라당 이름만 나오네!"라고 알은체를 하기도 하였다.

2008년 이명박 정부가 들어선 이후 몇몇 역사적 이슈들이 불거지기 시작하였다. 그중 하나가 건국절 논란이었다. 2008년 8월 15일 이명박 대통령은 63주년 광복절 및 60주년 건국 경축식을 거행했다.

여느 때라면 광복절만 기념했을 터인데 그해에는 광복절과 함께 건국절이 기념되었다. 건국절 논란은 한참 동안 화젯거리가 되었고 뉴스에서 도배가 되었다. 역사에 관심이 있던 나도 관심이 있는 주제라 시시각각 업데이트되는 뉴스를 챙겨 보곤 하였다. 이것이 아이들에게 영향을 끼쳤던 것 같다.

"엄마, 건국절이 뭐야? 왜 요새 맨날 건국절 이야기밖에 없어? 그게 그렇게 문제야?"

며칠 동안 계속 흘러나오던 뉴스가 귀에 박혔는지 어느 날 아들아이가 질문을 해왔다.

따로 설명을 해주지도 않았고 사전에 구구절절 말하지도 않았는데 뉴스에서 나오는 반복된 소리만 듣고 관심이 생겼던 것 같았다. 나는 기특하기도 하고 반갑기도 한 마음에 내가 알고 있는 역사적 배경과 의도 등을 간단히 설명해주었다. 내 말을 이해했는지 못했는지 아이는 "음, 그렇구나." 할 뿐이었다.

그런데 아마 학교에서 수업 시간에 이 이야기가 잠깐 나왔나 보다. 아이는 뉴스에서 들은 현재 상태 이야기와 나에게서 들은 간단한 배경을 적절히 배합하여 수업 시간에 그럴싸하게 발표를 하였다고 했다. 그날 저녁 아이는 평소 뉴스에서 듣던 얘기를 선생님이 말하는데 무슨 말인지 바로 알았다면서 손을 들고 아는 바를 말했을 뿐인데 선생님이 사회 현상에 관심이 많은 건 좋은 것이라고 칭찬을 해주었다고 했다. 그런 이야기를 하면서 아이의 두 눈이 반짝거렸다.

건국절 이야기를 하면 광복과 임시정부 이야기를 안 할 수가 없다. 이 모든 이야기는 결국 과거와 역사로 귀결된다. 뉴스와 시사는 과거와 역사와 맞닿아 있다. 현재를 알고자 하면 역사에 관심을 두게 된다. 한번 역사에 관심을 둔 사람은 그 관심이 꾸준히 지속되는 경우가 많다. 우리의 현재와 연관이 있고 연관이 있으니 재미가 있기 때문이다.

의도치 않게 틀어 놓았던 뉴스가 아이들이 역사에 관심을 두는 계기가 되었다. 시사 흘려듣기는 영어 흘려듣기만큼 중요하다고 생각했다.

역사만 알고 영어 실력이 없다면 우리의 주장과 의지를 관철 못 시켜서 우물 안 개구리로 지낼 수밖에 없을지도 모른다. 하지만 영어 실력은 있는데 역사의식이 부족하다면 우리의 주장을 그릇된 방향으로 이끌어 나라나 조직이 위험에 빠질 가능성이 생긴다. 역사는 방향이고 영어는 속도에 비유할 수 있겠는데, 방향과 속도가 모두 다 제자리에서 상호 작용이 잘 되어야겠지만 속도보다 중요한 것은 방향이다. 잘못된 방향으로 치닫는 빠른 속도는 부작용이 더 클 것이고 되돌리는데 더 많은 시간과 비용이 든다.

그래서 나는 영어 흘려듣기를 포기하고 시사 흘려듣기를 선택했을 때 크게 걱정은 되지 않았다. 중요한 건 방향이니까. 하지만 둘 다 잘되었다면 더할 나위 없이 좋았겠지?

03

정치, 시사는
아빠의 전유물이 아니에요

우리 사회에는 이런 일반론이 있다. 남자들은 정치, 경제 뉴스를 좋아하고 여자들은 교육, 연예, 문화 뉴스를 좋아한다.

친구들 모임이나 직장 동료들 모임에서 남성들은 정치인 이야기, 정당 이야기, 주식 이야기를 많이 하는 편이다. 회사와 관련 있는 경제 정책이나 비즈니스 동향 등을 주요 화제로 삼는 경우가 많은데 그러다 보면 자연스럽게 정치와 정당 이야기까지 소재가 넓어지게 된다.

반면, 학부모 모임 등에서 자녀를 둔 엄마들은 대부분 자녀 교육 이야기, 학교 이야기를 주로 많이 하는 편이고 간혹 드라마나 연예인이 소재로 오르기도 한다. 따로 퇴근이 없이 하루 종일 살림과 육아에 시달리다 보니 같은 학부모나 엄마들의 모임에서는 가벼운 소재-드라마, 영화, 연예인-가 주 화제가 되곤 한다. 엄마들은 정치와 시사에 대하여서는 서서히 관심이 멀어지고 잘 모르게 되는 경우를 많이 보았다.

그런데 우리 아이들은 주변에서 들리지만 잘 모르는 시사의 궁금증을 엄마에게 물어보곤 했다. 왜? 아무래도 아이와 많은 시간을 보내는 것은 엄마였기 때문이다.

"엄마, 사드(THAAD)가 뭐예요? 그거를 우리나라에 설치하는 게 좋은 거예요, 안 좋은 거예요?"

이런 경우 많은 엄마들은 어떻게 이야기하는가?

"아빠한테 가서 물어봐."

이런 일이 반복되다 보면 아이들은 정치, 경제, 역사는 아빠가 더 많이 알고 엄마는 그런 것을 잘 모르는구나, 하고 생각할 것이다. 시간이 점점 지나면 아이는 이런 종류의 질문은 아예 엄마한테는 물어보지 않게 된다.

요즘은 아빠가 자녀 교육에 활발할수록 자녀의 학업 성취도가 높다는 조사 결과가 있어서 그런지 아빠의 육아 및 교육 참여가 점점 높아지고 있다. 하지만 여전히 자녀와 많은 시간을 보내는 사람은 엄마이다. 특히 초등학교까지의 어린 시절이라면 대부분 그렇다. 이것은 비단 우리나라만이 아니라 다른 선진국도 마찬가지이다. 동서고금을 막론하고 엄마의 자녀 교육에 대한 많은 글과 사례가 끊임없이 이어지는 이유이다.

지금까지도 미국에서 가장 유명하고 사랑받는 대통령으로 세 손가락 안에 꼽히는 사람으로 존 F. 케네디가 있다. 케네디 가문은 미국에서 유서 깊고 명망 있는 가문이다. 이 유서 깊고 명망 있는 가문이 일반 대중에게 알려진 가장 큰 이유가 바로 존 F. 케네디 대통령 덕분이다. 케네디는 자신이 미국의 대통령으로 당선된 뒤 가진 타임지와의 인터뷰에서 자신에게 가장 영향을 끼친 인물로 자신의 어머니를 꼽았다.

케네디 대통령은 아주 어릴 때부터 학창 시절에 이르기까지 저녁 식사 시간에 엄마인 로즈 케네디와 뉴욕 타임스 신문 기사를 보며 토론을 자주 벌였다고 한다. 케네디 대통령의 엄마인 로즈 케네디는 책도 많이 보고 신문도 많이 읽으며 역사와 정치에 해박한 지식을 갖고 있던 사람이었다. 시사에 관심이 많았던 엄마와 격렬한 토론을 벌이면서 케네디는 토론하는 법, 뉴스를 대하는 법, 상대를 설득하는 법을 자연스럽게 체득하게 되었음은 물론이다.

케네디가 대통령 후보로서 미국 국민들의 마음속에 아주 커다랗게 자리를 잡게 된 계기는 TV토론이었다. 상대 후보 닉슨과 벌였던 TV토론에서 케네디는 압도적으로 뛰어난 토론과 설득 실력을 보여주었고 미국 국민들의 마음을 케네디로 향하게 하였다. 케네디가 TV토론에서 자신감을 갖고 탁월하게 할 수 있었던 원동력이 바로 케네디가 인터뷰에서 밝혔듯이 케네디의 어머니인 로즈 케네디의 시사 토론 교육법이었던 것이다.

우리도 로즈 케네디가 될 수 있다. 골치 아프다, 어렵다, 복잡하다, 생각부터 하지 말고 내 생활과 가까운 시사 문제부터 하나씩 자세히 들여다보면 금방 범위를 넓혀 갈 수 있게 된다. 모든 사건은 현재의 모습을 가지고 있고 현재의 모습을 이루게 된 데에는 반드시 어제 혹은 지난 달 혹은 작년에 원인이 되는 사건이 존재한다. 요즘에는 인터넷 검색이라는 아주 좋은 도구가 있어서 약간의 시간을 투자해서 검색하면 원인이 되는 사건이나 인물을 찾을 수 있다. 이렇게 하나의 현상이나 결과를 가지고 원인을 찾아가는 연습이 되면 다른 문제에는 검색과 이해가 더 빨라진다. 그리고 검색과 조사를 통해 얻은 사실을 기반으로 하여 자신만의 의견이 생기고 주장이 생기게 되는 것이다.

신문을 보고 이야기하든 TV 뉴스를 같이 보고 이야기하든 어떤 하나의 주제를 갖고 가족이 함께, 아니면 엄마와 자녀만이라도 같이 이야기를 시작해 보자.

자녀와 대화할 기회, 엄마가 가진 지식과 주장을 펼칠 기회를 꼭 아빠에게 넘겨줄 필요는 없다. 아이가 먼저 다가오는 걸 "아빠한테 물어봐"라며 떠넘기는 건 여러모로 엄마에게 손해이다. 아빠에게 넘어간 기회가 다시는 엄마에게 안 올지도 모른다.

정치와 시사는 아빠들의 전유물이 아니다. 우리 아이가 나중에 신문 기사나 뉴스를 보며 토론을 한 것이 나에게 좋은 영향을 미쳤다고 인터뷰를 할 미래가 나의 미래일 수도 있다. 얼마나 행복한 미래일지 그려 보며 지금부터 신문을(혹은 뉴스를) 펼쳐 보자.

04

우리 집 식탁에는
시사가 있다

2013년 봄. 딸아이의 학교로 학부모 면담을 위해 선생님을 보러 갔다. 일 년에 한 번씩 으레 하는 학부모 면담이었다. 직장 때문에 쉽지 않았지만, 학부모 면담 계획이 잡히면 나는 꼭 휴가를 냈다. 하루 휴가가 어려우면 반차라도 써서 직접 선생님 얼굴을 보고 아이에 대해 이야기하려고 했다. 그날도 학부모 면담이 있던 날이었다.

"어머니, ○○이는 또래에 비해서 역사와 시사에 대해 밝은 편인 것 같아요. 따로 역사 교육이나 신문 읽기 교육을 시키나요? 사회 수업을 할 때면 자기 생각도 분명한 것 같고 적극적으로 의견 발표도 잘합니다."

아이의 학교생활에 대하여 선생님과 이런저런 대화가 오고 가던 중 선생님께서 아이의 수업 태도를 이야기하면서 이런 말을 꺼냈다. 따로 특별히 무엇을 해준 기억이 없었던 터라 "그런가요? 선생님께서 잘 지도해주어 그렇겠지요."라는 말을 남기며 학부모 상담을 마쳤다.

2018년 아들이 고등학교 2학년이 되었다. 입시의 한복판에 서 있었으므로 모의고사를 치고 점수를 받아올 때면 자율과 방임을 육아의 기본으로 삼은 나조차도 점수에 신경이 쓰이곤 했다. 어느 봄 모의고사에서 한국사 과목의 점수로 2등급을 받았다. 별로 어렵지 않았을 것 같았는데 아들이 한국사에서 2등급을 받아왔길래 한국사 정도는 1등급을 받아야 되지 않느냐고 했더니 아들은 발끈했다.

"엄마, 문·이과 통틀어서도 2등급이면 괜찮은 수준이야. 이과에서는 매우 잘한 거고. 이과생들이 역사를 얼마나 어려워하는데. 보통 4등급씩 나온다고. 이과생치고 나처럼 1~2등급씩 받는 친구들 잘 없어."

이런 경우를 몇 번 겪으면서 아이들에게 물어본 적이 있다.

"너희들이 역사나 시사에 대해 친구들보다 조금 더 많이 아는 편인가? 어때?"

"글쎄, 정확하지는 않겠지만 친구하고 얘기해보면 역사, 그중에서도 현대사 그리고 뉴스에 나오는 시사 이슈에 대해서 조금 더 지식이 있는 것 같기도 하고."

아이 둘은 내 물음에 둘 다 그럴 것 같다고 했다. 그러고 나니 나는 궁금해졌다.

"너희들이 조금 더 안다고 했는데 왜 그럴까?"

내 물음에 아이들 둘은 이구동성으로 외쳤다.

"우리 어릴 때부터 엄마 아빠가 식탁에서 밥 먹을 때, 자주 뉴스에 나오는 정치 이야기하고 평가도 하고 어느 대통령이 어떻네! 어느 당은 어떻네! 말하기도 하고. 또 어느 왕이 어땠다는 둥 어느 왕은 이랬다는 둥 하도 이야기를 하니까 자연스레 귀동냥이 된 거지 뭐.”

“어릴 때는 하나도 못 알아듣겠고 재미없었는데 그 얘기들이 학교에서 사회시간이나 다른 수업에서 선생님들이 하시는 이야기하고 연결되니까 신기하더라. 엄마가 했던 말들이 새록새록 기억도 나고.”

어찌 되었건 식탁이라는 공간은 가족 구성원을 일정 시간에 한곳에 모이게 하는 장소이다. 밥을 먹으면서 이런 얘기 저런 얘기를 나누는 것, 이것이 우리네 보통 가족들의 평범한 일상이다. 우리네 조상님은 옛적부터 ‘밥상머리’ 교육이라 하여 식사 예절, 생활 예절 등을 밥을 먹으면서 밥상 위에서 자식들에게 가르쳤고 자식들은 부모님의 말씀과 행동을 보면서 그것들을 익혀왔다.

현대에는 옛날의 그 시절에 비해서 가족 사이에 대화가 뜸해졌지만, 밥 먹을 때는 그나마 대화를 많이 하고 있다. 우리 가족도 예외는 아니어서 가족이 다 같이 모이는 식탁에서 많은 이야기를 나누곤 했다.

우리는 식탁 위 대화의 소재로 시사(時事)를 종종 이용했다. 참으로 다행스럽게도 남편과 나는 정치 성향이 같다. 그래서 우리 부부는 집에서 뉴스를 볼 때 정치적 대립의 걱정 없이 정치에 대해서 이러쿵저러쿵 이야기를 많이 나누었다. 때로는 심도 있는 토론을 하기도 하였다. 이런 대화와 토론은 식탁에까지 이어지기가 다반사였다.

2008년 광복절에 ‘63주년 광복절 기념식 및 건국 60주년 경축식’

을 거행하면서 건국절 논란이 시작되었다. 당시 정부에서 야기시킨 이 논란은 그 당시 사회에 한동안 계속 '뜨거운 감자'가 되었다. 우리 부부는 건국절 논란에 대해 의견을 나누고 역사 왜곡에 대해서도 이야기를 나누었다. 그러면서 한국전쟁 이후 우리의 고통스러운 현대사에 대해서 견해를 나누게 되었는데 아이들은 우리 부부의 대화를 밥을 먹으면서 자연스럽게 듣게 되었다.

우리가 며칠 동안 나누었던 대화 속에서 아이들은 모르는 것을 묻기도 했고 들었던 내용을 정리하여 자신들의 견해를 피력하기도 했다. 생각건대, 그때 우리 아이들은 역사 공부를 한다고 생각하지 않았음에 틀림이 없다. 부모의 대화에 자연스럽게 참여하면서 공부라고 느끼기보다는 하나의 스토리로서 대했을 것이라고 나는 생각한다. 공부라고 생각했다면 초등학생 딸아이가 '건국절' '한국전쟁' '이승만' '분단' 같은 단어를 써가면 학교에서 발표할 정도로 그렇게 자연스럽게 익히지 못했을 것이다.

이런 종류의 대화가 우리 집 식탁에서는 자주 벌어졌다. 이것은 의도한 것은 아니었으며 단지 우리 부부가 시사에 관심이 많았던 탓이며 일상적인 생활상일 뿐이었다. 그랬기에 아마도 아이들도 큰 거부감이 없이 다 같이 대화 속으로 몰입하지 않았을까 짐작된다.

05

종이 신문의
위력

지금은 종이 신문을 구독하지 않고 포털에서 뉴스를 접하거나 관심 있는 분야의 뉴스를 검색하여 보고 있는데 종이 신문에 오랫동안 익숙해져 있었던 나는 종이 신문이 인터넷 뉴스보다 장점이 훨씬 더 많은 것 같다.

인터넷 뉴스는 내가 원하는 뉴스를 빨리 찾아보고 언제 어디서나 뉴스를 찾아볼 수 있어서 편리하지만 다양한 뉴스를 접하기 어렵다. 주로 뉴스를 보는 것은 포털 메인에 나와 있는 것을 먼저 보게 된다. 사람들이 클릭을 많이 한 '인기 있는' 혹은 '많이 보는' 뉴스이다. 트렌드를 알기에는 편리하지만 내가 선택한 뉴스가 아니라 포털이 편집하여 보여주는 뉴스라서 내 관점과 시선이 포털의 방향에 따라 흘러갈 위험이 있다.

종이 신문 28면 혹은 32면에서는 정치, 경제, 사회, 문화, 기획, 국제, 심층취재 그리고 요일별 특집까지 아주 다양한 뉴스와 큰 뉴스,

작은 뉴스를 골고루 읽을 수 있다. 신문을 1면부터 마지막 면까지 헤드라인만 읽더라도 우리나라와 전 세계의 시사 흐름을 파악할 수 있다. 하지만 인터넷 뉴스는 그게 어렵다. 전체가 아니라 일부에 국한한 시류만을 확인할 가능성이 더 많다. 그래서 종이 신문 볼 때 보다 지금이 전 분야에 걸친 고른 상식과 시사가 부족하다고 느낀다.

인터넷 매체는 심층 분석 기사를 읽고 집중하기에는 좋은 매체는 아닌 것 같다. 신문은 대개 가장 중요한 뉴스를 1면에 배치하고 이와 관련된 심층취재나 분석 기사를 2면, 3면 혹은 뒷면 어디든 배치하여 1면의 주요 기사를 보완하는 것이 일반적이다. 1면의 상황에 대한 뉴스를 보고 더 깊이 있는 내용과 분석을 알기 위해 다른 지면의 분석 심층 기사를 같이 보게 된다. 바쁘면 헤드라인과 서브 헤드라인이라도 확인하게 된다. 하지만 핸드폰으로 보는 인터넷 뉴스는 오랫동안 집중하여 보기에 좋은 플랫폼은 아니다. 한눈에 쓱 볼뿐 깊이 있는 열독을 하지 않는 경우가 많다. 그러면 뉴스를 겉만 보고 마는 경우가 생기게 된다.

여론도 그렇다. 발생하는 이슈에 대하여 신문의 오피니언 지면에는 정제된 언어로 저명한 학자나 관계자의 주장과 의견과 반론이 실리는 경우가 많은데 인터넷 뉴스는 그야말로 뉴스만 보고 오피니언은 그 뉴스에 달린 인터넷 유저들의 댓글로 확인하는 경우가 대부분이다. 인터넷 댓글은 어떠한가? 정제되지 않는 본능의 시장 언어들로 도배되어 밑바닥 감정이 고스란히 그대로 드러난다. 여론은 호도

될 수 있고 의견은 묻힐 수 있다. 인터넷 뉴스와 댓글을 읽는 아이들은 바르지 못한 언어와 그릇된 여론을 가질 가능성이 아주 크다.

종이 신문이 유행 지난 옷을 꺼내 입는 것처럼 낡은 습관이라고 치부될지 몰라도 나는 아이를 키우는 그것도 초등학교 입학하고 중학교를 다니는 아이를 둔 가정이라면 종이 신문을 구독해서 읽는 습관을 가져보라고 강조하고 싶다.

나는 15년이 조금 넘는 기간 동안 종이 신문을 구독했다. TV 뉴스로 시사를 흘려 '들었다'면 종이 신문으로는 시사를 '읽어 보았던' 것이다. 내가 종이 신문을 구독해서 볼 때 그 종이 신문을 읽었던 것은 나 혼자가 아니었다. 우리 집 아이 둘이 함께 신문을 보았다.

물론 아이들이 정치나 경제면을 읽은 것은 아니다. 그렇게 했다면 정말로 행복했겠지만, 우리 아이들이 그랬다면 거의 신동으로 대접받았겠지만 아쉽게도 그건 아니었다.

매일 저녁 퇴근하고 집에 와서 이런저런 정리를 하고 나면 비로소 소파에 편안히 앉아 아침에 배달되어 겨우 헤드라인만 확인한 아침 신문을 펼쳐 보았다. 거실 테이블에 널찍하게 신문을 펼쳐 놓고 앞에서부터 하나씩 읽어 나갔다. 신문을 보러 오라고 부르지도 않았는데 아이들이 내 옆에 와서는 신문 한 장(네 면으로 된 큰 거 한 장)을 빼내 가서 보기 시작하였다. 아들은 체육면을, 딸은 문화/연예면을 빼내 들고 가서 읽었다. 인터넷으로 스포츠, 문화/연예 뉴스를 볼 수도 있었지만, 종이로 발간된 기사를 굳이 확인하고 다 읽어보곤 하였다.

그러다 만평도 보고 4컷 만화도 보고 요일별로 발간되는 특집판도 보았다. 요일별 특집판은 여행, 책, 교육, 과학 등이 있었는데 가볍게 볼 만한 내용들이 많아서 아이들이 종종 보기도 하였다.

나도 신문의 모든 면을 다 읽을 수 없었고 아이들은 더욱 그러하였다. 우리는 각자 관심 있는 분야를 읽다가 서로 묻곤 하였다. "오늘 스포츠면에 뭐 재미있는 기사 실렸어?" "오늘은 연예인 ○○ 인터뷰가 실렸네. 같이 보자. 뭐라고 했어?" 주로 엄마인 내가 먼저 말을 걸고 대화를 시작했지만, 대화의 물꼬를 트면 신문 기사를 가지고 한참을 이야기하였다. 그러다 보면 자연스럽게 일상으로 대화의 흐름이 이어지곤 했다. 각자 따로 시작했지만 우리는 같이 무언가를 하고있는 것이었다.

이런 일상이 반복되다 보면 아주 가끔은 아이들이 이렇게 물어본다.

"오늘은 무슨 일이 있어? 신문을 참 재미있게 뚫어지게 보고 있네. 뭔데?"

그러면 나는 내가 보던 신문 기사에 대하여 이야기해주곤 했다.

"가뭄에 대비한다고 우리나라 4대강 바닥을 파서 강을 넓히고 깊게 한다는데, 이게 효과가 있는지 모르겠다."

"4대강이 어디더라? 사회시간에 배웠는데. 한강하고….'

"어디 보자. 여기 기사에 있어. 한강, 낙동강, 금강, 영산강"

"맞다. 학교에서 배웠어.'

드물긴 하지만 이런 대화가 시작되면 아이들과 나는 신문에 나온 기사를 같이 읽기도 하고 (혹은 읽어주기도 하고) 내가 아는 역사 속의 사례나 당시 현재 돌아가는 상황을 얘기해 주기도 하였다. 아이는 그런 얘기를 듣고는 궁금한 것을 물어보기도 하고 때론 아이다운 억측이나 엉뚱한 말을 하기도 했다. 이런 대화가 아이들의 호기심을 충족하고 세상 돌아가는 것에 대한 눈높이를 높여주고 관련된 역사에 대한 사실도 배웠음에 틀림이 없다. 왜냐하면 아주 가끔이지만 학교 선생님으로부터 학교 친구들로부터 "공부는 아니지만 ○○이는 자질구레하게 아는 게 많다."라는 얘기를 듣고 하였기 때문이다.

이런 일상의 활동들이 살아있는 사회 교육이며, 역사 교육에 대한 밑바탕이며, 신문활용교육이 되었다고 나는 자부한다. 종이 신문은 웬만한 책 한 권 분량의 글이 담긴 고급 어휘와 문장이 넘쳐나는 책과도 같다. 이런 양질의 책을 보는 엄마에게서 아이들은 살아있는 사회를 간접적으로나마 알게 될 것이다. 나는 의도한 바는 아니었지만, 신문활용교육(NIE)을 집에서 실천한 거나 다름없게 되었다.

적은 돈으로 큰 교육의 효과, 학습의 효과를 노린다면 종이 신문을 구독하여 매일 읽는 모습을 보여준다면 어떨까? 다만, 요즘 종이 신문은 편향된 시각을 다루는 것이 좀 있어서 구독하기 위해 종이 신문을 고를때는 신중을 기할 필요는 있을 것 같다. 그럼에도 불구하고, 종이신문을 지속적으로 같이 읽어 본다면, 당장은 아니지만 쌓인 시간동안 우리 아이들은 세상을 보는 눈높이가 훌쩍 자라, 다양한 시선과 관점을 지닌 사람이 되어 있을거라 생각한다.

7

역사 놀이의 정수, 여행

01

박물관만 간다고
그렇게 싫어하더니!

아들은 대학생이 되고 나서 방학이 되면 그렇게도 꿈에 그리던 친구들과의 해외여행을 다녔다. 군대를 입대하기 전까지 맞이한 4번의 방학 때마다 아르바이트를 해서 모은 돈으로 해외여행을 다녔다.

이렇게 해서 다닌 여행지는 유럽 6개국, 인도, 미국 동부와 베트남이었다. 첫 여행지였던 유럽 여행을 다녀오고 나서 아들이 내게 한 말에 나는 자부심과 기쁨을 동시에 느꼈다.

"엄마 아빠랑 어릴 때 여행 다닐 때 어디 갈 때마다 박물관에 가는 거 난 정말 싫었거든. 재미도 없고, 무얼 봐야 하는지 감도 안 오고. 전시품에 압도되는 느낌을 받았어. 그래서 난 커서 스스로 여행을 다닐 땐 절대 박물관은 안 가겠다고 다짐을 했어. 그런데 내가 어느 순간 다니는 곳마다 박물관을 들르고 있는 거 있지?"

그렇게 싫어하던 박물관 말고 다른 좋은 곳을 가지 그랬냐는 내 되물음에 아들은 이렇게 대답했다.

"박물관에 항상 갔던 것이 습관이 되어서 나도 모르는 새 박물관을 행선지로 정하고 있지 뭐야? 약간은 의무적으로 갔던 박물관들이 가보니 좋은 거야! 볼 것도 많고 박물관만으로도 내가 간 곳의 거의 모든 것을 다 알 수 있으니까 다녔던 여행지가 압축되어있는 느낌이랄까? 설명을 잘 읽어보면 배울 점도 많고 재미도 있고. 앞으로도 나는 박물관에 가게 될 것 같아."

아들의 이 말 한마디에 오랫동안 빛을 발하지 못하던 내 노력이 조금이나마 치하를 받는 것 같아서 더없이 흐뭇했다.

우리 가족은 여행을 많이 다니는 편이었다. 여행을 다니는 이유 중 하나는 아이들을 집 안에 두지 않고 밖으로 내돌리기 위함이었다. 어린아이를 키워본 사람은 다 알 것이다. 하루 에너지가 부모의 2만(?) 퍼센트도 넘는 아이들이 집에 있을 때 집안 꼴이 어떻게 되는지는. 집안이 엉망이 되고 어질러지는 것을 최대한 방어하기 위해서 우리는 주말에 가급적 밖으로 여행을 다녔다.

가족 여행을 다닐 때 여행지를 결정한 것은 남편과 나였다. 아이들이 아닌 부모의 의견 위주로 반영되어 결정되었다. 부모의 의견 중에서는 '부'보다는 '모'의 의견이 더욱 적극적으로 반영되었는데 여기서 '모'라고 함은 당연히 엄마인 나였다. 소소한 주말여행부터 조금 더 긴 여름휴가와 겨울방학 여행에 이르기까지 우리나라 곳곳을 살펴보고 적당한 여행지를 고르고 그 속에서 행선지와 관광지를 고른 건 거의 내 의견이었다.

아이들의 나이와 학년에 따라 여행지 선정이 달라지기는 하지만 내가 여행지를 고르는 몇 가지 기준은 있었다.

첫째, 아이들이 몸을 써야 하는 활동적인 장소여야 한다.

아까도 말했지만, 아이들은 어마어마한 활동 에너지를 갖고 있다. 미국 듀크 대학의 폰처 교수는 생후 8개월에서 15개월까지 아이의 활동량이 성인보다 50%나 많다고 조사한 바 있다. 2021년에 인기를 끈 서울대 김붕년 교수의 책 '나보다 똑똑하게 키우고 싶어요'에도 아이들의 활동량에 대한 연구가 소개되어 있는데, 이에 따르면 4세에서 6세 사이의 아이들은 매일 하루 평균 9km를 걷는 것과 같다고 한다. 캡틴 아메리카가 서러울 정도의 에너지를 갖고 있는 아이들을 원 없이 움직이게 하려면 뛰고 걷고 움직이는 곳이어야 한다. 이런 곳에는 놀이터, 놀이동산, 각종 체육시설이 구비된 스포츠 파크, 체험 시설이 있는 유원지 등이 있다.

둘째, 역사적인 배경을 갖고 있는 명승지가 포함되어야 한다.

내가 학교를 다닐 때 소풍을 늘 가까운 유명한 사찰로 갔던 기억 때문인지 모르겠으나 성인이 되어서도 꼭 역사적 명승지는 같이 껴서 여행을 가야 한다는 약간의 강박이 있었다. 우리나라 역사적 명승지에는 자연 풍광도 유려하고 역사적 지식도 더불어 배울 수 있다는 장점이 있다. 학교에서나 집에서 책을 읽는 역사 공부와 더불어 밖에서 보고 느끼는 역사 지식이 더 기억에 남을 거라는 개인적 경험이 여행지 선정에까지 영향을 미치게 되었다.

셋째, 첫 번째 이유와 두 번째 이유를 통해 선정된 여행지 주변에 박물관이 있다면 반드시 꼭 들러야 한다.

모든 박물관에 다 갈 수는 없지만 적어도 2~3군데는 가야 한다. 여기서 말하는 박물관이 꼭 국립중앙박물관이나 국립경주박물관처럼 대규모 역사 박물관만 의미하는 것은 아니다. 지금은 각 지방자치단체에서 지역 관광을 활성화하기 위해서 지역 관광지에 자체 전시관과 박물관을 많이 설립하고 관리하고 있다. 이것은 내가 아이를 키울 때도 마찬가지였는데 어느 지역에 가나 크고 작은 전시관 및 박물관이 유명 관광지에는 거의 대부분 같이 자리하고 있었다.

생태전시관, 환경전시관, 과학전시관 등은 아이들이 체험하고 즐길 거리가 있어서 별 저항이 없었는데 역사박물관은 아이들의 저항이 만만치 않았다. 지금은 어린이 박물관 같은 아동 역사 체험관이 별도로 마련된 곳이 많아서 즐길 곳이 있는 편이지만 십오 년 전 무렵에는 그런 시설이 적었다. 박물관에 가면 전시관을 골고루 둘러보고 내가 좋아하는 전시품 앞에서는 설명을 읽어주고 이야기도 해주었는데 내 설명이 재미가 없고 지루했던 모양이다. 몇 번이 반복되니 아이들 둘 다 박물관을 싫어하였다.

하지만 박물관을 포함하지 않으면 아이들이 좋아하는 놀이 시설이나 여행지를 가지 않는다고 엄포를 놓으니 아이들은 울며 겨자먹기 식으로 박물관에 같이 가서 내 뒤를 졸졸 따라다녔다. 나는 '미리부터 유물과 박물관을 많이 봐 두면 나중에 다 피가 되고 살이 된다'며 아이들을 끄집고 다녔다.

그러는 동안 괜히 내 이런 행동이 아이들에게 박물관에 대한 안 좋은 선입견을 갖게 하는 것이 아닌가 걱정을 하기도 하였다.

그런데 친구들과 자기들만의 해외여행을 다녀온 아들 입에서 '박물관이 좋더라. 앞으로도 여행 갈 때는 박물관을 다니게 될 것 같다' 라는 말을 들었을 때 지난 시간 동안 내가 한 것들이 아집이 아니라 노력이었다는 것을 인정받은 것 같았다.

육아와 자녀 교육의 장점이자 단점은 당장 표시가 나지 않는다는 것이다. 장점으로 보면 그렇기 때문에 과정에서 잘못과 실수를 바로 잡을 기회가 많다는 뜻이 되겠고, 단점으로 보면 당시에는 잘하고 있는 건지 확신이 서지 않기에 주위의 동료나 이웃 엄마들의 말에 귀가 얇아져 쉬이 내 길을 바꾸기 쉽다는 것이다.

내 경우, 이 부분은 장점으로 빛을 발한 것이 되었다. 그래서 참 뿌듯한 날이었다.

02

빠지지 않는 우리 집 여행 코스, 문화유적지

내가 여행지를 고르는 조건 중 하나는 역사적 배경을 가지고 있는 명승지가 한 곳 이상은 포함되어 있어야 한다는 것이다. 그래서 우리는 간단한 주말 나들이 정도를 제외하고 제법 긴 휴가를 갈 때는 항상 문화유적지를 다녔다. 이 점이 나에게는 참으로 흐뭇한 일이었지만 남편도 아이들도 좋아하지는 않았다. 그들은 엄마의 강압에 마지못해 이끌려 다닌다는 생각을 하고 있었다. 그러거나 말거나 나는 즐거운 마음으로 여행 계획을 짰다. 그렇게 다녔던 여행지 중 호응이 좋았던 여행지도 있었다.

(1) 경주

2015년까지 우리 가족은 경상남도에 살았었다. 경주는 차로 1시간 내외로 걸리는 곳으로 자주 갔었던 여행지 중 하나이다. 볼 것이 너무 많아서 한 번에 다 보기에는 벅찰 정도로 풍부한 볼거리가 있는 도시이다.

경주에 가면 당연히 불국사, 석굴암은 들르는 곳이었고 국립경주박물관도 필수 코스였다. 하지만 경주가 아이들이 좋아하는 여행지였던 이유는 천마총과 대릉원 그리고 경주 월드 덕분이었다. 첫날 불국사와 석굴암, 다음날 종일 경주 월드, 마지막 날 박물관, 대릉원, 천마총과 첨성대를 돌아보면 만족과 불만족을 적당히 오가면서 여행을 즐겁게 이끌 수 있었다. 그리고 대릉원과 첨성대는 다른 곳에서는 볼수 없는 특이한 곳이라 아이들도 흥미로워하였다.

(2) 문경

개인적으로 참 좋아하는 여행지였다. 2011년경 여름휴가로 갔던 곳이다. 아이들이 놀기 좋게 숙박을 조그만 계곡과 맞닿아 있는 곳으로 잡았다. 더운 여름, 계곡에 몸을 담그고 아이들과 물놀이를 지칠 때까지 하다가 아이들을 데리고 나간 곳은 문경새재. 어찌 보면 그저 걷고 또 걷는 별것 없는 유적지가 문경새재다. 도립공원 입구에서 조령 제1관문까지 걸으면서 옛날 과거시험 이야기, 조선 선비들의 생활상 이야기, 퀴즈 맞추기 등을 하면서 지치지 않고 즐겁게 걸었다. 문경새재 촬영세트장에서 우리끼리 연기도 해보고 흉내도 내보았다. 돌아오는 길에 지친 아이들에게 계곡과 레일바이크로 꼬셔가면서 계곡 옆 숙소로 다른 곳보다 더 힘차게 돌아왔었다. 즐거운 여름휴가여서 다음에 꼭 다시 가자고 했는데 갈 곳은 많았고 시간은 넉넉지 않았다.

(3) 거제도

우리나라에 여행하기 좋은 곳이 정말 많지만, 가족여행으로 연인들의 여행으로도 모두 좋은 여행지를 꼽으라면 나는 거제도를 추천할 것 같다. 우리 가족이 거제도에 간 것은 역시나 아이들이 여름방학을 하고 난 한여름 어느 때 즈음이었다.

겨울연가가 방영된 지 오 년쯤 지난 후였는데도 여전히 인기를 구가하고 있을 때였다. 우리는 겨울연가 촬영지로도 사용된 외도를 먼저 방문했다. 배를 타고 가야 하는 번거로움이 있기에 혹시나 하는 마음에 가장 먼저 들렀던 것이다. 더운 여름인데도 꽃과 나무들로 예쁘게 단장된 아름다운 섬이었다. 찍는 곳마다 작품이어서 아이들도 좋아하였다.

거제도 하면 학동 몽돌 해수욕장에 많이들 가지만 우리는 학동보다 조금 덜 유명한 여차 몽돌 해수욕장을 들렀다. 아이들 물놀이를 위해서 바닷가 한 곳 정도는 가 주어야 한다.

거제도에서 내가 주장하여 들른 유적지로는 거제 포로수용소 기념관이 있다. 지금은 포로수용소 유적공원으로 이름이 바뀌었다. 거제도 포로수용소는 한국전쟁 당시 남북한의 전쟁 포로들을 한곳에 모아 놓았던 곳이며 전쟁 이후 포로 반환 문제로 이슈가 되었던 곳이다. 전쟁포로들의 생활상, 사상교육, 당시의 모습 등을 볼 수 있는 희귀한 유적지이다. 그곳은 전쟁과 관련된 무기들도 야외에 많이 전시되어 있었는데, 탱크, 전차, 대포 등 특히 남자아이들이 좋아하여 무기 주위를 맴돌면서 전쟁놀이를 했었다.

이때는 아이들이 좀 더 어릴 때라 많은 이야기를 하지는 못했다. 하지만 전시관 내의 안내판과 알고 있던 지식을 총동원하며 돌아보았다. 덕분인지 어떤지 아이들은 유적지임에도 지겨워하지 않고 포로수용소 기념관에서 한참 동안 머물러 있었다.

경주, 문경, 거제도 외에도 아이들이 서너 살 되었을 때부터 고등학교 다닐 때까지 매년 여름과 겨울이면 여행을 다녔는데 꼭 한 곳은 역사 유적지나 문화유적지를 다녔다. 그 덕분에 아직 얼마 살지도 않았는데 아이들은 우리나라에서 웬만한 사찰, 서원, 박물관에 가본 것 같다. 물론, 예전에 있었던 곳 중에서 새로 생기거나 업그레이드된 콘텐츠로 새 단장을 한 곳은 다시 또 가보아야 한다. 그런데 이제는 아마 부부끼리 오붓이 다녀야 할지도 모르겠다. 아이들은 이제 너무 커서 부모와의 여행보다 친구들과의 여행이 더욱 즐거울 나이가 되었다.

여행은 힘들더라도 아이들이 어릴 때 많이 다녀야 한다는 것을 깨닫고 있다.

03

웬만하면 안내판과 표지판은
읽지 말고 이야기해 주세요

문화유적지에 가면 제일 먼저 보게 되는 것은 안내판이다. 내 눈앞에 있는 유물 유적이 무엇인지 어떤 용도인지 궁금하니까 안내판을 통해 알아보려고 한다. 하지만 유적 유물 안내판 앞에서 많은 사람들이 좌절을 경험한다. 분명히 적혀 있는 것은 내가 아는 한글인데 당최 무슨 말인지 한 번에 알아보지를 못하는 것이다. 우리는 좌절하면서 안내판을 읽다 말고 돌아선다. "이거 본다고 뭐 우리가 다 기억하는 것도 아니고. 그냥 한 번 쭉 돌아보고 마음으로 느끼면 되는 거지 뭘."이라고 스스로 위안을 하면서 말이다.

어른도 이럴진대 아이들은 어떻겠는가? 몇 번의 경험을 해보고 엄마 아빠가 하는 이런 말을 몇 번 들어본 아이들은 지레짐작을 해버린다. "아, 유적지의 안내판은 어려운 거구나."

몇 년 전 인기리에 방영된 tvN의 예능 프로그램 <알아두면 쓸데없는 신비한 잡학사전>에서도 비슷한 사례가 전파를 탄 적이 있다.

출연진 중 한 명인 유시민은 프로그램 중 방문한 여행지 곳곳마다 꼭 안내판을 읽었다. 안내판을 읽어본 유시민은 안내판에 쓰인 내용의 오류를 지적하기도 하고 편향된 시각으로 적힌 부분을 언급하기도 했다. 프로그램에서 한 번은 강릉으로 여행을 가서 오죽헌에 들렀다. 오죽헌에 있는 안내판에서 신사임당과 관련된 문구를 읽었는데, 안내판에 있는 신사임당 관련 내용은 죄다 율곡 이이의 어머니였고 현모양처였다는 내용이었다. 유시민은 이 안내판을 보고 신사임당이라는 여성의 성과나 업적은 차치하고 율곡 이이의 엄마라는 것만 집중 조명한 안내판에 격분하는 모습이 방송을 탔다. 해당 방송을 본방송으로 지켜보던 나는 속이 다 후련해졌다. 왜냐하면 문화 유적지에 갈 때마다 내가 느꼈던 부분을 그대로 지적하고 공감해주었기 때문이다.

이런 사례만 있는 것은 아니지만 전반적으로 안내판에 있는 내용들과 용어들은 참 재미가 없다. 유명 사찰의 유명한 탑 안내판에는 3층 기단이 어쩌고, 가운데 보주가 어쩌고, 탑신이니 뭐니 하는 말들로 가득 차 있다. 전문 용어들의 향연은 그저 탑이 아름답다고 느끼면서 은은한 탑이 가진 선의 묘미를 느끼기도 전에 용어들에 먼저 압도되어 버린다.

나의 대학 시절 전공은 고고학이었다. 공부를 거의 하지 않아서 참 부끄럽지만, 서당 개 삼 년이면 풍월을 읊는다고 했던가? 간간이 들었던 수업에서 나온 용어들이나 내용이 희한하게도 아이들과 함께

한 여행지에서 새록새록 생각이 나는 것이다. 안내판에 있는 어려운 용어들도 기억을 더듬어 생각해 냈고 유적지의 배경이나 설립 유례를 읽어보면 또 비슷한 사건이나 인물이 조금씩 생각이 났다. 그래서 나는 유적지에 가서 안내판이 나오면 먼저 빨리 읽어보았다. 그리고 내용을 내 안에서 최대한 소화를 시켰다. 내가 읽고 이해하고 소화한 내용을 옆에 서서 뭔가 읽어서 이해해보려고 노력하는 아이들에게 말해 주었다. 내가 소화시켜서 나온 일상 언어로 구어체로 아이에게 생활을 이야기하듯 말이다. 그러면 아이들은 그제야 "아~, 그렇구나" 하는 경우가 많았다.

이런 경험을 몇 번 하고 나서 다음에 여행을 갈 때는 계획했던 여행지, 특히 내가 가자고 우겼던 문화유적지에 대해서는 미리 공부를 하고 갔다. 공부를 조금이라도 하고 가서 본 안내판을 읽고 아이들에게 얘기해주는 것이랑 모르고 간 상태에서 안내판을 보고 읽어주는 것은 받아들이는 입장에서 보면 천지 차이이다.

누군가에게 무엇을 설명하고 이해시키는 것은 아주 어려운 일이다. 그래서 선생님이나 강사라는 직업이 어려운 것인데, 누군가를 이해시키려면 말하는 내가 그것을 아주 확실히 알고 있어야 하기 때문이다. 아니면 적어도 2/3 이상은 알아야 평상시 말투로 이야기하고 말해줄 수 있다. 그래서 여행을 가기 전에 엄마나 아빠가 여행지에 대해서, 특히 아이들이 느끼기에 고리타분할 수도 있는 역사 유적지를 갈 때는 부모들이 사전 공부를 꼭 할 것을 말해 두고 싶다.

요즘은 인터넷에서 아주 쉽게 정보를 얻을 수 있기 때문에 어려운 일도 아니다. 사전 공부나 검색에 시간을 내기가 힘들다면 도서관에서 해당 유적지에 대한 여행 책자를 빌려서 갖고 다니자. 책을 들고 다니며 즉석에서 안내판에 적힌 내용을 찾아보고 같이 읽을 수도 있다. 책은 적어도 안내판보다는 상세하고 익숙한 언어들로 되어있을 것이다.

유적지 안내판은 아이에게 읽어봐라, 같이 읽어보자고 하기 전에, 엄마 아빠가 먼저 보고 공부한 내용을 아이들에게 이야기해주자. 아이들은 이야기를 좋아한다. 아니, 사람들은 스토리텔링을 원한다. 그러면 아이들도 역사 유적지가 마냥 지루하고 고리타분하다고 느끼지 않을 가능성이 더 높아질 것이다.

04

여행의 목적은 공부가 아니다. 욕심부리지 말자

엄마들이 자녀들에게서 듣는 말 중에 가장 흔히 듣는 말 중에 하나는 이런 말이다.

"아, 내가 막 청소하려고 맘먹었는데 엄마가 청소하라니까 하기 싫어져. 안 할래!"

돼지우리 같은 방을 보며 좀 치우라고 말하기가 무섭게 우리 아이들이 하는 말이다. 청소만이 아니다. TV를 보는 아이들에게 혹은 게임을 너무 오래 하는 아이들에게 "얘들아, 이제 공부 좀 하지. 응?"이라며 말하자마자, 아이들은 마치 하나의 세포를 나눈 클론들처럼 똑같은 말을 한다. "이제 TV 끄고 막 공부하러 가야지, 하고 생각했는데 엄마가 공부하라니까 하기 싫잖아. 왜 그런 말을 했어. 나 공부 안 할래."

아이들은 부모가 무엇을 하라고 하면 일단 거부부터 하고 보는 경향이 있다. 이것은 동서고금을 막론하고 확실이다. 나도 그랬고 우리 아이들도 그러했고 아마 우리 할아버지의 할아버지도 그러했을 것이다. 오죽하면 옛 수메르인의 점토판에도 "요즘 애들은 버릇이 없어"라는 말이 있었겠는가? 예나 지금이나 아이(자녀)들은 어른(부모)이 하라는 것과 반대의 행동을 했기 때문에 이런 말들이 생겨나고 역사를 거듭해서 지속되고 있는 것일 테다.

여행이나 휴가도 마찬가지라고 생각한다.

마냥 놀러 가는 여행이라고 하면 전날부터 들뜨고 기대가 되지만 내일 가는 여행이 학술 여행이고 공부하러 가는 여행이라고 미리 못 박는다면 여행에 대한 기대는 커녕 해야 할 공부와 가지고 올 숙제 때문에 차라리 여행을 포기하고 집에 있는 게 낫다고 생각할 것이다.

만약 엄마가 계획한 여행에서 무언가를 꼭 아이에게 남겨주고 배우게 해주고 싶다면, 이 계획은 가급적 비밀에 부쳐져야 하며 엄마는 아주 자연스럽게 연기를 해야 한다.

배우가 연기를 하려면 어떻게 해야 하나? 먼저 대본을 외워야 하고 동선을 연습해보아야 한다. 여행에서 자연스럽게 학습을 이끌어 내려면 엄마부터(혹은 아빠부터) 여행지에 대한 사전 조사를 하고 떠나는 차 안에서나, 혹은 여행지를 거니는 도중에 미리 조사한 내용을 툭툭 내뱉고 흘리듯 배경과 힌트를 주는 게 좋다.

만약 이조차도 아이들이 거부하는 티를 낸다면 너무 무리하지 말자. 왜냐고? 가족여행의 목적은 가족의 화목과 추억 만들기가 가장 중요하다. 자녀의 학습, 역사와의 친목 등은 가족의 화목과 추억 만들기가 빚어내는 부산물일 뿐이다. 부산물을 만들기 위해서 비싼 원물질을 함부로 버리는 일이 없어야 한다. 과유불급. 과한 것이 모자람만 못하다는 고사성어는 여행과 학습에도 해당된다.

괜히 주객이 전도되어 이제 엄마하고 떠나는 여행은 가지 않겠다고 선언하고 반항하는 것보다는 공부 그따위 잊어버리고 온전히 여행을 즐기는 것이 더 낫다.

05

역사교육의
살아있는 부교재, 궁궐

나는 얼마 전까지 지방에서 살았다. 내가 우리나라 궁궐을 처음으로 가본 것은 20대 중반이었다. 아직도 그날이 생생히 기억난다.

그날은 촉촉이 비가 내렸다. 친구와 나는 경복궁 근정전 앞에 서 있었다. 유홍준의 '나의 문화유산답사기'가 출간되어 큰 인기를 끌면서 문화유적지 답사에 대한 인기도 덩달아 같이 올랐다. '나의 문화유산답사기' 1, 2편은 '남도 답사 일번지' '산은 강을 넘지 못하고'라는 소제목을 가졌는데 두 권 모두 수도권과 거리가 먼 영호남의 문화유산 이야기를 다루었다. 이 책을 보고 대한민국 인구의 절반 가까이 살고 있는 서울, 수도권 사람들은 주말마다 전라도로 경상도로 차를 내달렸을지도 모를 일이다.

하지만 경상남도에서 나고 자란 나와 친구는 '나의 문화유산답사기'의 인기가 올라갈수록 서울과 궁궐에 대한 열망이 커졌다. 그러던 중 나는 친구와 서울 나들이를 모의했다. 여섯 시간 정도 걸리는 버스를 타고 서울에 도착한 우리가 제일 처음 갔던 곳이 경복궁이었다. 그런데 하필 그날 비가 왔다.

비 오는 날이라 인적 드문 근정전 앞에서 우리는 근정전 조정 마당에 깔린 박석 사이를 마치 골짜기 사이에 계곡물처럼 흐르는 비를 한참이나 바라보았다. 그 풍경은 나중에 '나의 문화유산답사기' 경복궁 편에 나오는 설명 그대로였다. 오히려 비가 와서 더 고즈넉하고 약간은 비릿한 냄새가 나는 그날의 궁궐이 더 좋았다. 이후에 몇 번을 더 갔지만 그날의 정취를 다시 느낄 수는 없었다.

지방 사람들에게 궁궐 나들이는 언감생심 쉬이 꿈꿀 수 없는 일이다. 특히나 가족 단위의 궁궐 나들이는 더욱 그러하다. 부산에서 서울까지 왕복 여행에는 꽤나 품이 들어간다. 아이들까지 동반한다면 시간과 비용이 몇 배는 더 든다. 그래서 나에게 궁궐은 부러움과 그리움의 공간이었다.

경기도로 이사를 오고 나서 좋은 점 중 하나는 궁궐과 가까워져서 자주 갈 수 있다는 것이었다. 물론, 서울에 살았다면 더 좋았겠지만 뭐 어쩌랴. 형편대로 하는 수밖에.

서울에는 궁궐이 무려 5개나 있다. 조선 시대의 첫 번째 궁궐인 경복궁, 두 번째 궁궐인 창덕궁, 창덕궁과 바로 붙어 있는 창경궁, 지금은 흔적은 별로 없고 시민 공원으로 남아있는 경희궁 그리고 대한제국의 영광과 상처를 기억하고 있는 덕수궁이 바로 조선의 5대 궁궐이다.

우리나라처럼 한 도시에 궁궐이 이렇게 모여 있는 나라는 거의 없다. 그것도 한 국가의 수도에 말이다. 프랑스의 베르사유 궁전은 파리 시내에서 차로 2시간 정도 더 가야 하는 시골에 있다. 독일 베를린에는 샤를로텐부르크 궁전이 있는데 그 외 유명한 궁전은 거의 다 베를린이 아닌 다른 외곽 도시에 있다. 가까운 일본에도 도쿄에는 도쿄 성밖에 없고 다른 궁전은 시대별 수도였던 오사카, 오키나와, 교토에 자리 잡고 있다. 중국도 마찬가지이다. 북경에는 아주 커다란 궁궐인 자금성 하나밖에 없다.

그래서 유홍준 교수는 유네스코 세계 문화유산을 신청할 때 궁궐 5개를 한 번에 묶어 신청하지 않고 창덕궁 하나만 신청하여 지정된 것을 못내 아쉬워하였다. 역사 수업과 문화 해설을 하고 있는 입장에서도 이 점은 안타까운 일이 아닐 수 없다. 관광지로서의 궁궐이든 문화유적지의 가치로서이든 5개 한 묶음과 낱개 1개는 차이가 날 수밖에 없기 때문이다.

경복궁은 태조 이성계가 조선을 건국하고 새 왕조의 기틀을 다지기 위해서 새로이 천도한 수도 한양에 지은 첫 번째 궁궐이다. 북악산과 인왕산을 병풍처럼 두르고 앞으로는 청계천을 두고 있는 전형적인 배산임수의 명당자리라고 한다. 존경하는 인물로 항상 일등을 차지하는 세종대왕이 훈민정음을 반포한 곳도 경복궁이다. 임진왜란으로 불타 전소될 때까지 조선 전기 왕실의 삶과 국정을 책임진 궁궐이다.

두 번째 궁궐인 창덕궁은 조선의 3대 임금인 태종 이방원이 만들었다. 자신의 형제를 죽인 현장인 경복궁을 피하고 싶었던 태종은 이궁인 창덕궁을 짓고 생활은 그곳에서 많이 하였다. 그래서 인지 창덕궁은 전형적인 궁궐의 형식이 파괴되고 자연스러운 조형미가 흘러넘치는 아름답고 아늑한 궁궐이다. 역시 임진왜란 때 불에 타 없어졌지만 광해군이 복원하였다.

성종이 할머니와 어머니를 위해 지은 궁궐이 세 번째 궁궐인 창경궁이다. 창경궁은 정사를 돌보기 위한 궁궐이라기보다 왕실 여인들과 왕족의 생활 공간으로 많이 사용되었다. 그만큼 우리가 재미있어하는 역사 이야기들이 궁궐 전각 하나하나에 많이 담겨 있는 곳이 바로 창경궁이다. 사도세자, 정조의 탄생, 정조의 사랑, 장희빈과 인현왕후, 모두 창경궁과 관련된 이야기들이다. 일제는 우리 궁궐의 기상과 기운을 앗아 가기 위해서 창경궁을 한때 동물원과 식물원으로 격하시켰었다. 그래서 창경궁의 이름이 창경원인 적이 있었다. 나도 원래 이름이 창경원인 줄 알았다. 어릴 때 TV 화면에서 본 예쁜 창경원을 가보는 것이 소원 중 하나였던 시절이었다. 역사 왜곡이 이렇게 무섭다.

덕수궁은 원래 세조의 손자인 월산대군의 사저였다. 임진왜란 후 모든 궁궐이 전소되어 갈 곳 없던 선조가 임시 거처로 삼았던 곳을 아들 광해군이 궁궐로 격상시키고 확장, 수리를 하였다. 원래 이름은 경운궁이었으나 대한제국 시절 마지막 임금이었던 순종이 아버지 고종의 장수를 기리는 마음을 담아 덕수궁으로 이름을 고쳤다. 덕수궁은 고종과 순종을 비롯한 대한제국의 마지막을 담은 애달픈 역사가 서려 있는 궁궐이다.

가장 많이 훼손되어 입장료도 받지 않고 시민 공원의 역할을 하고 있는 곳은 경희궁이다. 경희궁은 광해군이 배다른 형제인 정원군의 기를 누르기 위해 정원군의 집에 지은 궁궐이다. 경희궁에서는 현종, 숙종, 경종 등 10명의 임금들이 거처했다. 하지만 일제가 그곳에 학교를 지으면서 전각들이 팔려 나가는 등 훼손을 당하여 현재 남아있는 전각은 일부분뿐이다. 하지만 세월이 더 지나면 후손들이 경희궁도 복원을 해주지 않을까? 기대를 걸어 본다.

이렇듯 서울에 있는 5개의 궁궐에는 조선 시대의 역사가 켜켜이 서려 있다. 조선 전기를 거쳐 중기, 후기와 대한제국에 이르기까지 5개의 궁궐을 다 돌아보면 조선 시대 역사라는 구슬을 한 줄에 꿰어 보배를 만들 수 있다.

우리는 조선 시대를 대표하는 5개의 궁궐을 대중교통을 타고 쉽게 빨리 갈 수 있다. 체력이 좋은 사람이라면 5개 궁궐을 도보로 다닐 수도 있다. 잦은 전쟁과 화재 등으로 조선 시대에 만들어진 것과 똑같은 모양의 궁궐은 아니지만, 궁궐에 들어서면 우리는 왕조 오백 년의 시간을 고스란히 소환할 수 있다.

조선 시대 역사를 보다 쉽게 알려면 조금씩만 시간을 투자해서 궁궐을 다녀 보면 된다. 궁궐은 한 번만 가고 다시는 안 가는 곳이 되어서는 안 된다. 틈날 때마다 자주 조금씩 가보고 다녀 보고 느껴보면 좋을 것 같다. 서울과 수도권에 산다면 자주 가도 부담이 없을 만큼 거리도 가깝고 무엇보다 입장료도 저렴하다. 24세 미만은 무료이며 성인은 3,000원(경복궁, 창덕궁)이나 1,000원(창경궁, 덕수궁)의 입장료만 내면 된다. 이벤트도 자주 하여 잘 챙겨 보면 무료입장이 가능한 경우도 많다.

넓은 궁궐을 한 번에 다 돌아보려 하지 말고 한 번에 서너 개의 전각만 세심히 살펴보고 요모조모 알아보면 조선 시대의 역사는 저절로 머릿속에 들어갈 수 있다고 장담한다. 엄마 손을 잡고 여러 번 궁궐을 다닌 우리 아이들은 엄마보다 조선 시대 역사를 더 많이 알게 될 것이다.

문화재청에서는 다양한 궁궐 소개 프로그램을 제공하고 있다. 상주 문화해설사도 있고 오디오 프로그램도 있으니 방문할 때마다 이용한다면 공짜로 양질의 서비스를 받을 수 있다. 물론 재미는 조금 없는 편이다. 재미있게 궁궐을 이용하여 역사를 알고 싶다면 사설 역사 체험학습 기관에서 서비스하는 역사 체험 프로그램도 많이 있으니 이용을 하면 좋겠다.

하지만 나는 적어도 궁궐에 관련된 이야기만큼은 엄마들이 아이들에게 직접 이야기해주면서 궁궐을 여유롭게 같이 걸어보라고 권유하고 싶다. 가장 기억에 많이 남고 오래가며 저렴한 역사 공부 방법이기 때문이다.

궁궐에서 500년 전, 300년 전의 인물과 시간을 옛날이야기로 소환시켜 보자. 엄마들이 옛날이야기를 하는 것처럼, 동화를 들려주는 것처럼 조선 시대의 왕과 왕비 이야기를 해주면 어떨까? 어린 시절 엄마에게서 들은 옛날이야기는 잊혀지지 않고 기억 속에 잘 간직되는 법이다. 그 기억을 끄집어내야 하는 순간이 오면 역사 기억 창고의 문을 열고 간직한 역사적 사실이라는 구슬을 우리 아이들이 스스로 보배로 꿸 수 있을 것이다.

두 마리 토끼를 잡는
추천 역사 여행지

　세상에 갈 데는 많고 오라는 데도 많다. 다만 우리는 세상의 모든 곳을 다 갈 수가 없고, 오라는 곳에 모두 다 들를 수도 없다. 회사도 다녀야 하고 학교도 다녀야 한다. 그래서 사람들은 여름휴가가 되면 휴가지 선정에 고심을 한다. 자주 갈 수 없는 여행에서 최소한의 노력을 투입하여 최대한의 효과를 얻고 싶기 때문이다.

　여름휴가 같은 장기 여행도 그러하지만, 주말에 잠깐 다녀오는 당일 여행이나 1박 2일의 짧은 여행이라고 해서 다르지 않을 것이다. 피곤하고 바쁜 아빠를 매주 데리고 나갈 수 없다. 집안의 행사가 있는 날 빼고, 아빠나 엄마가 바쁘거나 많이 피곤한 날 빼고, 새 학기 빼고, 시험 기간 빼고 나면 하루 이틀의 짧은 여행도 쉽게 떠날 형편이 되지 않는다.

　그래서 엄마 아빠는 짧은 여행이라도 많은 고심 끝에 여행지를 고른다. 이번 주는 들로, 다음 달은 놀이공원으로, 그다음 달은 산으로,

그 다음다음 달은 섬으로.

여기에 아이들의 교육적 효과까지 더하려고 하자면 고심은 고민이 되고 걱정이 된다. 어떤 때는 즐겁고 기분 전환을 위한 여행이 계획 단계부터 오히려 걱정을 안겨주는 경우가 있다.

나는 여기에서 이런 고민을 아주 조금 덜어주려고 한다. 장기 여행은 다양한 목적에 따른 다양한 여행지를 선택할 시간적 여유가 있기 때문에 제외하고, 이 파트에서는 하루 정도 시간을 내어 다녀올 수 있는 여행지, 아이들의 눈높이에 맞는 재미와 역사적, 교육적 의미까지 함께 가져갈 수 있는 국내 여행지 몇 곳을 추천하고자 한다. 한번 다녀온 사람이 많겠지만 그런 분들은 재방문해도 좋을 것이고, 알고 있지만 아직 다녀오지 않은 사람이라면 이번 추천을 기회로 이곳으로 떠나보는 건 어떨까 한다.

(1) 인천 개항장 거리

2020년 한국관광의 별 본상을 수상한 관광지가 인천 개항장 거리이다. 여기는 인천시, 인천 중구청, 인천관광공사가 힘을 합하여 개발하고 구성한 지방자치시대에 걸맞은 관광지라고 할 수 있다.

인천관광공사는 '인천e지'라고 하는 스마트폰 앱 프로그램을 개발하고 VR과 함께 관광지를 둘러보고 체험을 할 수 있는 구성을 하여 아이들도 어른들도 모두 즐겁게 여행을 할 수 있도록 관광 상품을 개발하였다.

인천은 국내 최대, 최고의 차이나타운이 있는 곳이다. 더불어 구한말 개항 시기 개항 항구로 개방되어 근대 문물이 차고 넘친다. 1800년대 말 대한제국 시대를 체험하기에 인천만큼 좋은 여행지는 없다. 당시 개항했던 다른 항구들보다 인천에 더 많은 근대 건물들이 남아있고 또 지방자치단체에서 잘 관리하고 중건하여 당시를 잘 재현해냈다.

우리나라 최초의 철도였던 경인선의 마지막 역이었던 인천역에서 우리나라 철도의 역사를 짚어보면서 맞은 편에 차이나타운으로 발걸음을 옮긴다. 코로나로 예전보다 활기를 잃었지만 차이나타운 본연은 모습은 그대로이다. 양쪽으로 늘어선 차이나타운의 건물들을 감상하면서 짜장면의 원조인 공화춘-짜장면 박물관을 잠깐 들러 보자. 입장료 천 원을 내야 하지만 짜장면의 역사를 알 수 있는 다른 지역에서는 볼 수 없는 생경한 박물관이다.

짜장면박물관을 지나서 차이나타운 거리를 조금 더 즐기다 보면 조그만 중국식 정원이 있다. 중국의 4대 정원 중 쑤저우 정원 양식을 모티프로 하여 꾸며진 한중원은 정자, 목교, 연못 등 중국 분위기를 한껏 담고 있어 중국 여행 기분을 내볼 수 있다.

인천 앞바다와 차이나타운 사이에 청일조계지 경계계단이 있다. 계단을 경계로 한쪽은 청나라가, 맞은편 쪽은 일본이 각각 조계지를 받아 그들만의 사회로 만들었다. 그래서 지금도 계단을 보면 확연히 청나라와 일본 분위기를 느낄 수 있다. 청일 양국의 분위기를 인천에서 맛보고, 구한말 강국에게 핍박받던 대한제국 당시 사회 분위기를 간접적으로나마 느낄 수 있다.

계단을 타고 조금 더 올라가면 자유공원으로 올라간다. 자유공원에 서면 인천 앞바다가 한눈에 보이고 간척이 되기 전 있었던 옛 건물들에 대한 설명도 안내판을 통해 볼 수 있다. 인천e지 앱을 사용하면 AR을 통해서도 확인이 가능하다. 자유공원은 인천 상륙작전을 이끈 맥아더 장군의 동상도 볼 수 있어 한국전쟁 이야기를 이끌어 내는 데도 좋다.

자유공원을 돌아보고 내려오면 인기 드라마 '도깨비' 촬영지였던 제물포 구락부 건물이 있다. 지금은 전시관과 쉼터로 사용되고 있는데 시즌마다 다양한 역사 전시를 바꿔가며 하고 있다. 볼거리가 아주 풍부하며 무엇보다 건물이 아주 예쁘다. 사진을 찍으면 정말 예쁘게 나온다고 장담한다. 구락부란 클럽의 일본식 발음인데 옛 구한말의 사교클럽이었다.

계단 따라 더 내려오면 다시 조계지 경계계단을 만나고 좀 더 가면 대불호텔을 비롯한 구한말의 옛 건물들이 즐비하게 서 있다. 대불호텔은 우리나라 최초의 서양식 호텔이다. 입장료는 천 원인데 옛날 객실 모습이 그대로 재현되어 있고 호텔의 운영 방식 등도 상세히 안내되어 있다. 지하에 가면 당시의 의상을 입어보는 의상 체험실도 있다.

이렇게 인천 개항장 거리를 둘러보는데 3시간 정도 걸린다. 물론 여행하는 사람이 얼마나 자세히 보느냐에 따라 시간은 조금씩 가감이 되기도 한다. 아직 체력이 남아 있다면 인천 개항장 거리에서 차로 10분 정도 떨어진 한국이민사박물관을 가보는 것도 추천한다. 조국에서 먹고 살기 힘들어 배를 타고 남아메리카나 하와이로 떠난 우리 선조들의 열악한 생활상을 박물관에서 가늠할 수 있다.

(2) 수원 화성

수원에 있는 화성행궁과 화성은 두말할 필요가 없는 우리나라의 대표 역사 여행지이다. 아마 서울에 있는 궁궐 다음으로 아름답고 유례가 깊은 풍경과 사연과 역사를 함께 느낄 수 있는 곳이 아닐까 한다.

행궁이란, 한양에 있던 임금이 한양 외의 도시에 특별한 목적을 가지고 행차할 때 임시로 머물 수 있게 조성한 한양 밖 임시 궁궐이다. 조선 시대에는 여러 곳에 행궁을 두었는데 대표적인 곳으로 온천이 유명한 온양행궁, 비상시 거처로 건립한 남한산성행궁이 있다. 화성행궁은 정조가 안타깝게 죽은 아버지 사도세자를 기리고 기존 정치 세력에 대한 위협을 가하기 위한 두 가지 목적으로 조성한 신도시이다. 화성행궁에는 수원 유수가 머물렀고 정조 행차 시 정조가 머무르는 봉수당을 비롯, 혜경궁 홍씨의 거처인 장락당 등 꼭 필요한 여러 전각들이 잘 배치되어 정조의 뜻을 기리면서 관람하기에 아주 좋은 역사 유적지이다.

화성행궁을 둘러싸고 약 5.7km의 길이로 아름답고도 튼튼하게 지어진 성곽이 수원화성이다. 수원화성에는 여느 성곽과 마찬가지로 동서남북 4곳에 출입문이 세워져 있다. 특이한 점은 북문이 정문이라는 것인데, 정조가 한양에서 수원으로 행차할 때 통과하는 쪽이 수원의 북쪽, 즉 한양의 남쪽이기 때문에 다른 곳과 다르게 북쪽에 정문을 두었다. 정문인 북문의 이름은 장안문이라고 한다.

수원화성 둘레길을 다 걷는데 약 4시간 정도가 소요된다. 길도 도로도 닦인 편편한 산책로가 있고, 성곽을 줄곧 따라 걷는 오르락내리락하는 조금 힘든 길도 있다. 동반자 중 노약자가 있다면 한 바퀴를 다 돌지 말고 정문인 장안문에서 동쪽 문인 창룡문까지만 걸어도 좋겠다. 이 코스에는 수원화성 둘레길에서 가장 아름답다고 하는 방화수류정(용연)과 연무대를 볼 수 있고 연무대 근처에서 진행하는 국궁 체험까지 비교적 저렴한 가격(10발 2천 원)으로 체험할 수 있다. 창룡문 근처에는 '플라잉수원'이라는 열기구도 탈 수 있다. 우리나라에서 열기구를 탈 수 있는 곳이 흔치 않은데 수원 화성에서는 가능하다. 최대 150m 상공까지 올라가서 수원시내 전경을 관람할 수 있다. 다만, 유랑하지 않고 한 자리에서 위아래로만 다니는 것이 조금 아쉽다.

화성행궁 옆 시립미술관에서 화성어차를 타면 정조가 행차했던 코스를 편안히 관광용 열차에 타서 관람할 수도 있다. 열차에서 간단한 문화 해설도 해주므로 금상첨화이다. 시간은 약 30분이 소요되고 금액은 성인 6천 원, 어린이 2천 원이다. 아이와 동반한 여행이라면 꼭 타 볼 것을 추천한다.

수원화성도 인천 개항장처럼 앱을 이용한 체험 프로그램이 마련되어 있다. 구글플레이에서 '수원화성의 비밀'이라는 앱을 다운받아서 3종류의 방 탈출 게임을 관광과 함께 즐길 수 있다. 3시간 정도가 소요되는데 시간이 허락한다면 아주 좋은 추억이 될 것이라 확신한다.

화성 둘레길을 걷다 보면 지동 벽화마을도 나오는데 옛 골목길 정취의 길에 벽마다 예쁜 벽화가 그려져 있다. 벽화를 따라 골목을 걸어보아도 좋고, 조금 더 가면 지동시장, 영통시장, 못골시장이 나오는데 배가 고파지면 시장에서 값싸고 맛난 먹거리를 먹으면서 여행해도 좋겠다.

화성행궁 뒤편에서 화서문 방향으로 가면 분위기 좋고 예쁜 카페들이 즐비해 있다. 문화예술 거리라 각종 미술, 공예 체험도 할 수 있는데 많이 걸어서 다리가 아플 때 카페 거리에서 잠시 쉬었다 가면 더욱 편안한 여행이 될 것이다.

화성행궁과 둘레길을 둘러보았다면 이제 정조와 사도세자를 뵈러 가 봐도 좋겠다. 조선 왕의 무덤 중 가장 좋은 위치에 가장 아름답게 조성되었다고 하는 융릉(사도세자와 혜경궁 홍씨의 합장릉)과 건릉(정조와 효의왕후의 합장릉)은 화성행궁에서 차로 약 15분 정도 걸린다. 많이 걸어서 다리가 아프겠지만 울창한 소나무 숲과 꽃들 사이로 걷는 것은 또 다른 정취를 느끼게 해 준다.

(3) 전주 한옥마을

혹자는 전주 한옥마을이 너무 상업적으로 변한 것 같고 옛 느낌이 나지 않는다며 선호하지 않기도 하지만, 조선 건국의 아버지 태조 이성계와 조선 건국 이야기를 제대로 알려면 경복궁 보다는 전주에 가야 한다.

한옥마을 안으로만 가면 지붕은 한옥의 기와 지붕으로 되어있지만, 정작 본 건물은 물건을 파는 상점이나 식당이 대부분이라 실망을 할 수도 있다. 하지만 처음부터 실망은 금물. 어느 관광지이든 아는 만큼 보이는 법. 전주 여행의 시작은 오목대에서부터 시작하여야 한다.

오목대 건너편에는 이목대라는 비석이 하나 있는데 이곳은 이성계의 5대조 조상이 살았던 곳으로 용비어천가가 시작된 곳이다. 오목대는 이성계가 승전 후 귀경길에 잔치를 베푼 곳으로 정몽주는 여기에서 이성계가 새 왕조를 열겠다는 야심을 읽었다고 전해진다.

조선 건국의 시작을 엿볼 수 있는 오목대를 보고 길을 따라 내려오면 바로 한옥마을이 나온다. 한옥마을에는 한복 대여점이 아주 많다. 예쁘고 아기자기한 한복을 빌려 입고 한옥마을을 걷는다면 덜 예스러운 한옥마을 길도 좋은 추억으로 남길 수 있다.

전주한옥마을은 다른 지역의 한옥마을과 달리 조선 시대부터 만들어져 있던 마을이 아니다. 한옥마을이라는 이름이 붙어 있긴 하지만, 관람객들이 느끼기에 여느 한옥마을처럼 전통적이지 않고 상업적이고 현대적이다. 전주한옥마을 입장에서는 조금 억울한 면도 있다. 전주한옥마을은 일제강점기 전주가 좋은 쌀이 나는 곳으로 유명해지면서 많은 일본인들이 전주 중심지로 이주하는 바람에, 기존 전주에 살던 조선인들이 일본인들이 사는 지역을 피해 성 밖 외곽에 저항의 의미로 한옥을 한 채 두 채 지으면서 조성된 마을이기 때문이다. 그러니까 한옥마을은 만들어진 지 100여 년 정도밖에 되지 않은 것이다. 일제에 저항하는 양반과 백성들이 모여 살기 시작하면서 조성된 마을이니 전통적인 한옥마을이 아닐 수밖에.

한옥마을이 조성된 역사를 되새기며 한옥마을 구석구석을 돌아보자. 현대적 느낌이 나긴 해도 길을 걸으면 참 예쁘다. 맛집도 많아서 걸으며 쉬며 먹으며 여행하기에는 최적의 장소이다.

무엇보다 한옥마을 안에는 아주 중요한 건물이 하나 있다. 바로 경기전. 경기전은 태조 이성계의 어진을 모신 곳으로 유명한데 어진이란 임금의 초상화를 높여 부르는 말이다. 경기전을 둘러보고 어진을 보는 것만으로도 전주 여행은 그 몫을 다했다고 봐도 무방하다. 경기전 안에는 조선왕조실록을 모시던 전주사고도 있어서 실록과 기록의 중요성에 대하여 아이들과 이야기할 수도 있다. 경기전은 잔디와 나무와 계절을 잘 만나면 꽃들도 많아서 고즈넉하니 산책과 사색을 즐기기에도 아주 좋다.

경기전 맞은편에는 우리나라에서 가장 아름다운 성당인 전동성당이 있다. 예쁜 건물로 영화촬영지로도 많이 이용되었다.

2010년에 성균관 스캔들이라는 인기 드라마가 있었다. 성균관 스캔들에서 성균관으로 나왔던 곳이 바로 이곳 전주에 있었다. 바로 전주향교이다. 전주향교는 다른 지역 향교와 달리 조선의 고향이라 그런지 아주 크고 넓다. 게다가 예쁘기까지 하다. 그래서 지금도 많은 드라마의 주요 촬영지로 사용되고 있다.

이 모든 곳을 다 둘러보는데 하루면 충분하다. 먼 곳까지 와서 전주만 보기 아쉽다면 조금 더 아래로 이동해보자. 전주에서 차로 40분 정도 가면 군산이 나온다. 전주의 쌀을 보다 빨리 쉽게 옮기기 위해 전군가도(전주-군산간 도로)를 만든 일본은 군산항의 중요성을 알고 군산항을 많이 이용했다. 군산에는 일제강점기의 역사를 가늠할 수 있는 유적도 많고 맛있는 빵집, 식당도 많으니 전주에 왔다면 군산도 함께 들러 보기를 권하고 싶다. 조선과 근현대사까지 아우르기 딱 좋은 곳이다.

(4) 안동

이번 여행지는 어쩌면 아이들은 별로 좋아하지 않을 수도 있겠다. 절과 서원이 주된 유적지, 관광지이기 때문인데 역동적이지 않고 조용한 장소는 아이들이 좋아하는 걸 본 적이 별로 없다. 그럼에도 불구하고 안동을 역사 유적지로 추천하는 것은 유네스코 세계문화유산으로 등재된 것이 두 곳이나 있는-그것도 다른 종류로-곳이기 때문이다.

유네스코 세계문화유산위원회는 2018년 한국의 산사 7곳을 등재하였고 2020년에는 한국의 서원 9곳을 세계문화유산으로 등재하였다. 안동은 이 두 가지 문화유산을 모두 보유한 도시가 되었다. 세계문화유산에 등재된 안동의 문화유적은 고려시대에 지어진 목조건축물이 있는 안동 봉정사와 우리나라 천 원 지폐에도 나와 있을 만큼 유명한 안동 도산서원이다.

봉정사는 오래되고 유명세에 비해서 그리 큰 절은 아니다. 하지만 봉정사에 가면 왠지 모를 편안함이 느껴진다. 나만 그런가?

입구의 만세루는 2층 누각인데 계단을 따라 걸어 올라가면 안쪽에서는 1층짜리 누각이다. 높낮이가 서로 다른 지형을 이용하여 만들다 보니 지대가 낮은 밖에서는 2층이고 지대가 높은 안쪽에서는 1층이다. 웬만한 절들은 산에 있는 우리나라 유명 사찰들이 이런 형태를 띠고 있는 경우가 많다. 요새 지어진 아파트의 필로티도 이렇게 만들어진 것도 있다.

봉정사의 극락전은 우리나라에서 가장 오래된 목조건축물이다. 1200년경에 지어졌다고 알려져 있는데 몇 안 되는 고려 시대 건축물이다. 천 년 전에 지어진 건물을 쓰다듬어도 보고 건물 따라 한 바퀴 돌아보기도 하자. 공부와 가사로 찌들어 있던 몸과 마음이 정화된다는 느낌을 받을 것이다.

퇴계 이황이 공부하고 제자들을 길러낸 도산서원은 이황의 명성만큼이나 크고 웅장하다. 천 원 지폐에서 어떤 노인이 마당을 쓸고 있는 모습이 보인다는 소문의 그 마당을 실물로 확인할 수 있다. 가장 높은 곳에 있는 이황이 직접 설계했다는 도산서당에 서면 아래로 내려다보이는 풍경에 가슴이 탁 트인다.

안동은 선비의 고장이다. 도산서원 말고도 이순신과 함께 임진왜란을 잘 극복한 서애 유성룡의 고향이기도 하다. 유성룡의 후손들이 아직도 살고 있는 하회마을도 안동에 있다. 하회마을에서 봉정사까지 차로 약 30분, 봉정사에서 도산서원까지 다시 차로 약 30분. 그리 멀지 않은 곳에 역사 유적들이 있으니 한번 안동에 들렀다면 이 세 곳 모두를 여행하면 혹시 모른다, 고려부터 조선 시대 선비들의 기상을 받아 맑아진 정신으로 일상을 더욱 열심히 살게 될지도.

(5) 강원도 철원

지금까지 오래된 역사의 유적지만 추천한 것 같다. 분위기를 바꿔 현대사와 자연유산까지 한 번에 볼 수 있는 곳을 추천하겠다. 바로 강원도 철원이다. 강원도 철원은 얼마 전까지만 해도 관광지로서 사람들의 이목을 많이 집중시킨 곳은 아니다. 하지만 2020년 한탄강 유역이 유네스코 세계지질공원으로 등재가 되면서 관광 도시로 각광받기 시작했다.

한탄강 세계지질공원은 철원에만 있는 것은 아니다. 경기도 포천과 연천, 강원도 철원 세 도시에 걸쳐 있다. 북한에서 발원한 한탄강이 강원도 철원을 통과하고 경기 연천과 포천을 지나 임진강으로 연결된다. 그동안 관심을 두지 않았지만, 이 일대는 선사시대부터 차곡차곡 쌓인 지질의 변화를 눈으로 확인할 수 있는 우리나라에서는 보기 드문 자연유산이다.

연천이나 포천, 철원 중에서 철원을 가볼까?

철원은 무엇보다 한국전쟁과 관련이 깊다. DMZ평화관광 지역으로 지정되어 평화전망대와 노동당사 그리고 '철마는 달리고 싶다'라는 멈춰 선 기차까지 평화와 한국전쟁과 관련하여 여러 곳을 둘러보고 전쟁의 참상을 일깨우기에 좋은 곳이다.

DMZ평화관광은 다른 곳처럼 아무 때나 가서 아무나 볼 수 있는 곳이 아니다. DMZ두루미평화타운 현장에 가서 현장 접수를 해야 한다. 출발도 하루 4번(주말 5번)밖에 하지 않으므로 서둘러 가서 현장 접수부터 하여야 함을 잊지 말자. 출발과 마무리는 철원 양지리에서 하고 있다. 시간은 약 2시간 30분 정도가 소요된다. 철원 DMZ평화관광은 사정에 따라 출발지와 출발 일정이 수시 변경될 수 있으므로 사전에 꼭 홈페이지에서 확인하도록 하자.

고석정에서는 통통배를 탈 수 있다. 고석정은 한탄강 세계지질공원 내에 있어서 배를 타고 한탄강의 바위와 암석을 강 쪽에서 볼 수 있는 것이다. 왕복 약 15분 정도가 소요되는데 조금 흔들거리며 약간의 스릴을 느낄 수 있다. 아이들이라면 스릴이 배가 된다. 시원한 바람을 맞으며 배를 타고 가다 보면 눈에 보이는 바위와 암석에 대한 설명도 곁들여진다. 아이들을 위해서라도 통통배는 강력히 추천한다.

철원에 있는 세계지질공원은 통통배를 탄 고석정 외에도 직탕폭포, 삼부연폭포, 승일교 등이 있다. 세계지질공원 내에 한탄강 주상절리 잔도길은 걸어서 현무암, 퇴적암, 변한암 등 지질의 변화를 볼 수 있고 아름다운 주상절리를 가까이서 보며 산책이 가능하다. 3.6km의 거리라 아이들에게는 좀 멀다고 느껴질 수도 있지만, 3시간 정도의 걸음으로 완주가 가능하니 철원을 방문했다면 잔도길도 걸어보는 것을 추천한다.

8

역사에 대한 관심을
끌어올리는
박물관 활용법

01

어린이 박물관에는
다 있다

"○○야, 이리 와서 이것 좀 봐. 이게 빗살무늬토기래. 끝이 뾰족하네. 왜 그럴까?"

"몰라. 흙이 모자라서 그랬나 보지. 자세히 보지 말고 빨리 나가기나 하자."

"XX야, 우와 예쁘다. 신라 금관이야. 어쩜 이렇게 하나하나 손으로 다 만들었나 봐! 신기해, 그지?"

"난 예쁜 줄 모르겠는데. 좀 촌스러운 것 같아. 근데 엄마, 다리 아파. 못 걷겠어."

초등학교 저학년 때 아이들을 데리고 박물관에 가면 우리 아이들에게서 십중팔구 나오는 말들이 있었다. 바로 "빨리 나가자"와 "다리 아파"였다.

드넓은 박물관을 다 둘러보아야 하는데 반쯤 돌아보았을 때부터 아이들은 마치 짠 듯 "빨리 나가자"와 "다리 아파"를 내내 입에 달고 다녔다. 엄마의 욕심에 귀한 유물을 하나라도 더 보여주고 싶고 한 개라도 더 많이 얘기해주고 싶은데 아이들은 엄마의 반의반도 관심이 없다. 이때부터 생각했다. 박물관을 아이들도 즐기게끔 만들 순 없나? 이 얼마나 좋은 교육장인데 박물관은 지루한 곳이라는 선입견을 갖게 되는 것 같아 속이 상했다.

둘째가 초등학교 2학년이 되었을 때 우리 가족은 여름휴가로 서울 나들이를 가게 되었다. 서울 청계천이 복원 사업을 거쳐 2005년 새로이 선을 보였는데 아주 좋다는 이야기가 많이 돌았다. 지방에 살던 우리는 서울 청계천을 꼭 가보고 싶어서 벼르고 있었는데 아이들이 조금 크고 초등학생이 되자 청계천도 볼 겸 서울 나들이를 하게 된 것이었다.

그때 우리가 들렀던 곳 중 하나가 국립중앙박물관이었다. 박물관 좋아하는 엄마 덕에 우리 아이들은 당연히 박물관에 간다고 생각하고 있던 차였다. 그런데 중앙박물관에는 세상에! 어린이 박물관이라는 곳이 있었다. 그전까지 박물관에 갔어도 어린이 박물관은 한 번도 보지 못했는데 서울에, 국립중앙박물관에 어린이 박물관이 있었던 것이었다.

늘 그랬듯 박물관을 조금 돌자마자 아이들은 "다리 아파" "빨리 나가자"라고 얘기하며 내 손을 끌어당겼다. 그런데 또 박물관이라니! 싫다는 아이들 손을 끌고 어떻게 생겼는지 보고 가자는 엄마의 말에 속아 아이들은 어린이 박물관에 입장하였다. 그런데 처음 가본 어린이 박물관은 신세계였다.

어린이들이 온갖 체험을 할 수 있게끔 도구와 교구들이 넘쳐났고, 설명해주는 글들도 간단히 잘 요약되어 있었을 뿐 아니라, 아주 크고 예쁜 글씨체로 되어있어서 어린 학생들이 읽고 이해하기에도 충분히 쉽게 되어있었다. 우리 아이들은 마지못해 들어간 어린이 박물관에서 나올 생각을 하지 않고 만들기 체험, 퍼즐 체험, 옷 입기 체험 등 온갖 체험을 하면서 과거의 역사를 현재의 내 것으로 만들면서 역사를 갖고 놀았다. 잠깐만 돌아보려 했는데 오후 한나절 동안 머무르게 되었다. 이때 받은 신선한 충격은 역사도 갖고 놀 수 있는 아이템이라는 생각을 하게 하였다.

요즘에는 어느 박물관에 가든 어린이 박물관이 거의 필수로 갖춰져 있다. 어린이 박물관이 없는 작은 박물관이나 기념관은 어린이 박물관이 없는 대신에 박물관 교재를 재미나게 만든다든지 전시관이나 체험관에 직접 만져보고 느낄 수 있는 전시를 하고 있다. 박물관은 더 이상 지루한 곳이 아니라 재미있는 역사 교육장이며 신나는 놀이터와 다름이 없다.

현재 국립중앙박물관 어린이 박물관은 하루 5회를 운영하고 있는데 회당 180명씩 온라인 예약제로 운영되고 있다. 중앙박물관뿐만 아니라 다른 국립박물관도 마찬가지이다.

국립중앙박물관 어린이 박물관의 경우, 주로 선사시대부터 삼국시대까지의 전시와 체험이 아주 많다. 아주 어린 아이들도 할 수 있는 것들이 많이 있어서 미취학 아동들도 얼마든지 박물관을 즐길 수 있다. 신석기인 사람이 되어 직접 벼를 갈아보는 체험도 있고 선사시대 활로 매를 사냥하는 영상 체험도 가능하다. 토기를 맞춰보는 퍼즐 체험도 있고 도자기를 굽는 가마를 눈으로 직접 보고 만질 수도 있게 되어있다. 책 속에 있는 역사, 글로 되어있는 역사가 아니라 옛날 사람들이 어떻게 생활했는지 직접 몸으로 느낄 수 있는 것이다.

어린이 박물관에는 체험 시설과 함께 영상 매체도 곳곳에 배치되어 있다. 체험만으론 역사 지식을 깨닫기는 어렵다. 몸으로 하는 체험은 관심과 흥미를 일으키기엔 아주 적합하지만, 관심과 흥미만으로는 역사를 온전히 알기 어렵다. 이런 부분을 보완해주는 것이 영상 매체인데 체험으로 지친 몸을 잠깐 의자에 앉아 쉬면서 짧은 영상을 보는 것이다. 영상은 종류도 아주 다양한데 각 역사 시대에 대한 설명을 아이들 눈높이에 맞는 애니메이션으로 보여준다. 아이들은 만화를 보고 있지만 내용을 보면서 만화가 무엇을 전달하려고 하는지 금방 이해를 할 수 있다.

꼭 어린이 박물관이 아니더라도 거의 모든 박물관과 전시관 혹은 기념관은 어린이들을 위한 전시 시설을-예를 들면 체험 시설, 영상 시설 등-갖추고 있다. 그래서 박물관을 방문하기만 한다면 어느 놀이동산 못지않게 신나게 놀 수 있다. 놀기만 할까? 놀이를 하면서 우리

부모님과 할아버지가 어떻게 살았는지 배울 수도 있는 것이다.

광화문에 있는 대한민국역사박물관 4층은 현대사 체험 공간이 있어서 50년대 이후 부모님 세대가 어떻게 살아왔는지, 어떤 옷을 입었는지, 어떤 놀이를 했는지, 학교생활은 어땠는지, 하나하나 모두 다 체험하고 알아볼 수 있다. 이곳에 방문하는 아이들은 시간 가는 줄 모르고 계속 있으려고 해서 "그만! 이제 나갈 시간이야!"를 몇 번이나 외쳐야 하는지 모른다.

국립민속박물관에는 실감 영상으로 된 방이 있다. 이 방에 들어가면 호랑이가 담배를 피고 호랑이가 곶감을 조르는 모습을 생생한 영상으로 즐길 수 있다. 뿐만 아니라, 민속박물관 모든 전시관에는 직접 손으로 터치하고 문제를 풀어보는 터치스크린이 있어서 아이들이 가는 곳마다 발걸음을 멈춘다. 그래서 꼼꼼히 다 보려면 하루종일 있어야 할 수도 있다.

서울 및 수도권만 그런 것이 아니다. 거의 모든 지역의 박물관에는 어린이 박물관이 있거나 어린이를 위한 전시 및 체험 시설이 잘 갖춰져 있다.

국립박물관이든 지역 박물관이든 주제가 있는 박물관이든, 선사시대부터 조선 후기까지 기본적 역사 사실은 많은 부분이 겹치거나 동일한 사실로 구성되어있는 경우가 많다. 그래서 여행 갈 때 박물관을 여러 곳 간다면 같은 내용을 여러 번 학습하는 반복 학습의 효과를 누릴 수 있다. 놀러 가는 곳마다 박물관에 가고 반복된 내용을 인지

하는 아이들이 초등학교 고학년이 되고 중학생이 되면 반복 학습의 기억을 꺼내어 쓸 수 있게 될 것이다.

　어린이 박물관이야말로 놀이와 학습을 병행하는 최적의 장소이며 우연한 반복 학습의 효과까지 거둘 수 있는 곳이다. 우리의 세금으로 단장된 우리 아이들을 위한 최적의 역사 학습장 어린이 박물관, 여기에는 역사에 관련된 놀이와 학습과 가족의 화목이 모두 다 있다. 실내에 있기에 계절도 가리지 않는다. 시간적 틈이 허용된다면 아이들과 함께 어린이 박물관에 놀러 가는 부모가 되어 보자.

02

공짜로 얻는 역사 교재,
박물관 워크북

어린이 박물관에서 체험과 영상으로만 활동을 할 수 있는 것은 아니다. 아이부터 어른까지 다양하고 많은 사람들이 박물관을 즐기고 역사를 가까이에서 접할 수 있게 하기 위해서 박물관들은 박물관의 내용을 직접 공부할 수 있게 도와 줄 워크북, 즉 활동지를 발행하여 구비해놓기도 한다. 제공되는 활동지는 여러 전문기관의 자문과 검수를 거쳐 발행된 것이기에 그 수준이 꽤나 높고 활용 가치도 매우 높다. 이 활동지만 가지고도 박물관의 핵심 유물에 대하여 스스로 파악을 할 수 있을 정도이다.

그러면 모든 박물관에 어린이 박물관이 있을까? 안타깝게도 모든 박물관에 어린이 박물관이 있는 것은 아니다. 공간과 비용과 관리의 문제로 어린이 박물관은 규모가 큰 국립박물관 정도의 박물관에는 있지만 그 외 지역 박물관이나 단일 주제로 유물이나 내용을 전시한 기념관이나 전시관에는 별도의 어린이 박물관이 존재하지 않는다.

하지만 그렇다고 해서 그다지 실망할 필요는 없다. 왜냐하면, 오히려 이런 지역박물관이나 단일 주제의 박물관이 더욱 풍성한 활동지를 제공하는 경우가 더 많기 때문이다. 여러 문제로 어린이 박물관을 따로 만들 수 없는 경우, 아무래도 박물관을 주로 방문하는 사람은 학생이나 학생을 대동한 부모님인 경우가 많은데, 학생들의 관심을 유도하고 해당 박물관에 대한 호응을 이끌어 내기 위하여 이야깃거리와 흥미로운 구성으로 된 활동지를 만들어 구비해 놓는 곳이 많아지고 있다.

어느 박물관이든지 입장하면 정문 앞이나 전시관 입구에 여러 종류의 팸플릿을 갖춰 놓고 있다. 팸플릿의 종류는 다양한 언어로 된 박물관 안내서를 비롯하여 지역의 관광안내도나 해당 박물관에서 실시하는 프로그램 안내서 등이 있다.

팸플릿 꽂이를 유심히 살피면 활동지나 워크북이라고 써진 조금은 두꺼운 책자들이 있는데 이것이 바로 박물관에서 유용하게 사용하면서 공부도 할 수 있는 활동지 책자이다. 이 활동지들은 웬만한 사교육 업체에서 수업용으로 만든 교재 못지않은 퀄리티를 갖고 있다.

경기도 남양주에는 실학박물관이 있다. 남양주는 조선 후기 대표 학자이면서 실학을 표방한 다산 정약용의 고향이다. 그래서 남양주에는 다산의 생가와 묘소가 있으며 남양주시는 다산을 기념하는 다양한 형태의 관광지를 조성하였는데 다산정원과 다산생태공원 등이 그것이다. 남양주가 다산을 기리기 위해 조성한 것 중 하나가 실학박물관이다.

실학박물관에는 다산 정약용의 업적뿐만 아니라 실학과 관련된 많은 내용과 관련 학자들에 대한 내용이 아주 알차게 전시되어 있다. 하지만 실학이라 함은 철학적인 내용이고 특별한 유물이 있는 것이 아니기에 자칫 잘못하면 설명만 나열된 지루한 전시관이 될 수도 있다.

이런 점들을 보완하기 위해서일 것이라고 생각되는데, 바로 초등학생용 활동지와 청소년용 활동지가 준비되어 있는 것이다.

활동지를 보면, 박물관에서 전시하고 있는 내용 중에서 중요하다고 생각되는 내용들을 뽑아 활동지에 싣고 있는데 내용을 실은 방법이 아주 재미있다. 설명한 해 놓은 것이 아니라 퀴즈, 미션, 별도로 끼워져 있는 스티커 붙이기 등 다양한 활동들로 구성이 되어있어 지루하지 않게 박물관을 둘러볼 수 있게 되어 있다.

그림이나 삽화가 삽입되어 있어 만화처럼 볼거리도 있고 초성 퀴즈, 줄 긋기 퀴즈, 틀린 그림 찾기 퀴즈 등 아이들이 지루할 틈이 없게끔 구성되어 있다. 활동지를 갖고 박물관을 돌다 보면 재미가 있어서 아이들보다 어른들이 더 좋아하는 경우도 흔히 볼 수 있다.

아이들과 큰맘 먹고 시간을 내어서 박물관에 갔지만 사전 준비가 없어서 공부가 될까? 하고 걱정이 되는 부모님들이 있다면 박물관 활동지를 적극적으로 활용해 보라고 말하고 싶다. 사전 공부 없이도 활동지 하나로도 우리가 알아야 할 박물관의 지식과 내용을 핵심만

콕콕 짚어서 알 수 있다.

돈 들이지 않고 좋은 교재로 역사 공부를 할 수 있는 최적의 조건이 박물관에 다 있다.

03

박물관 전시품
재미있게 둘러보기

어린이 박물관에서 체험도 하고 박물관 활동지로 재미있는 학습도 하였다. 그러면 박물관을 충분히 다 보았다고 할 수 있는 걸까?

박물관은 체험하고 활동지를 체크하면서 공부를 하는 곳만은 아니다. 한국민족문화대백과사전에 의하면 박물관이란, '고고학적 자료, 미술품, 역사적 유물, 그 밖의 학술적 자료를 보관, 진열하여 관중에게 전람시키는 시설'이라고 정의가 내려져 있다.

즉, 박물관의 첫 번째 목적은 역사적, 학술적 자료를 보관하는 것이고 두 번째 목적은 진열하여 관중들에게 보여주는 것이다. 박물관에서 근무하는 학예사의 경우라면 자료를 잘 보관하기 위하여 일반 관중이 모르는 곳에서 우리가 모르는 많은 노력을 기울일 것이지만, 박물관에 방문하는 사람이라면, 박물관의 두 번째 목적 때문에 박물관에 찾아오는 것이다.

박물관이 일반 관중들에게 보여주려고 하는 것, 그것을 일반 관중인 우리는 '보러 가는 것'이다.

　이제 상상의 나래를 한번 펼쳐 보자, 아니 언젠가 우리가 경험했던 일을 떠올려보는 것일 수도 있겠다.

　어느 화창한 날 홍길동이네 가족이 중앙박물관을 찾아왔다. 길동이네 가족은 자주 오지 못하는 박물관이니 이번 방문에서 '뽕을 뽑고' 가려고 마음먹었다. 시간을 들여서라도 모든 전시관과 유물들을 찬찬히 둘러보겠다고 다짐한다. 길동이 부모님은 길동이에게 유물을 찬찬히 잘 둘러보라고 신신당부하였다. 이번 박물관 관람은 나들이 겸 길동이의 공부를 돕기 위한 일석이조의 관람이 될 것이다.

　시간의 순서대로 제일 먼저 선사시대관에 들어섰다. 오~ 비슷한 돌멩이인데 이름이 다르다. 사용 방법도 달랐다고 한다. 유물을 꼼꼼히 살펴본다. 유물 앞에 붙은 설명도 빠지지 않고 다 읽어본다. 앗, 이게 신석기시대의 빗살무늬토기다! 교과서에서나 보던 빗살무늬토기를 실물로 보다니! 길동이 부모님은 길동이에게 이것 좀 보라고 길동이를 빗살무늬 토기 앞에 세우고 눈을 맞추게 한다. 길동이 부모님은 뿌듯하다. 오늘 길동이가 신석기시대를 이해했음이 틀림없을 테니까.

　다음에는 청동기 유물이 있다. 고인돌도 있고 요령식 동검이라는 게 있단다. 중국의 것과 다른 한국식 동검이란다. 어머, 뭐야? 이것도 중요하잖아. 얘, 길동아, 이리 와. 이것도 잘 봐봐. 여기 뭐라 쓰여 있네. '중국 요령 지방에서 많이 출토되어…' 어머, 얘, 우리나라 고유의 방식인가봐. 길동이는 아직까지는 엄마 말을 잘 듣고 따라다닌다.

다음은 철기의 방이다. 뭔가 못생긴 철제 갑옷과 무기가 잔뜩 진열되어 있다. 이때쯤부터 길동이도 엄마도 아빠도 집중력이 떨어진다. 하지만 이때부터 이름을 들어온 고구려, 백제, 신라, 가야라는 이름이 보이니 또 뭔가 다시 집중을 해야 할 것 같다. 힘을 내자, 힘을 내. 길동이 엄마가 길동이와 길동이 아빠를 다그친다.

삼국시대 방이 나왔다. 오~ 이 금관은 책에서 본 적이 있어. 예쁘다. 옛날 사람들은 어떻게 만들었지? 신기해. 길동이 엄마가 지쳐가는 길동의 집중력을 환기시키려고 분위기를 띄워 본다. 하지만 어두컴컴하고 조용한 박물관 분위기에 길동이의 힘은 빠지고 이제 슬슬 집중력도 떨어진다. 이제 겨우 삼국시대까지 봤는데 벌써 입장한 지 한 시간이 지났다. 삼국시대 이후부터는 그 유물이 그 유물 같고 유물 앞 설명을 읽는 것도 귀찮다. 저걸 읽어봐야 다 기억하지도 못할 텐데 봐서 뭐 하나는 생각이 든다.

어찌어찌하여 조선 시대 방까지 오기는 왔다. 가까운 시대라 뭔가 내가 아는 유물이 많을 것 같은데 거의 다 책이다. 책은 봐도 온통 한자로 되어 있어 뭐가 뭔지 알 수 없다. 설명을 읽기도 싫어진다. 길동이는 이제 고만 나가자고 조른다. 길동이네 부모님도 '유물이고 공부이고 역사고 간에 다음에 또 오자' '한 번에 다 못 보겠다'라며 간만의 나들이를 마무리한다.

입장할 때 받은 팸플릿에는 2층과 3층에도 뭐가 좋은 게 있다던데. 하지만 많은 유물 더미에 이미 지친 길동이네는 '다음'을 약속하며 박물관 나들이를 종료한다.

자, 과연 길동이네는 다음에 박물관에 또 올까? 아마도 다시 방문하기 쉽지 않을 것이다. 또 온다고 하더라도 한참 뒤라서 전시 유물이 바뀌어 있을 수도 있고, 봤던 유물이 뭔지 기억도 나지 않을 것이다. 박물관에 갈 때마다 이런 실수를 반복하는 사람이 상당히 많을 것이라 생각한다.

몇 년 전 코로나가 발생하기 전 영국 여행을 간 적이 있었다. 영국 여행을 갔으니 당연히 대영박물관을 갔지 않았겠나! 하도 볼 게 많고 꼭 봐야 할 필수 유물도 많다는 소문을 익히 들었다. 박물관에 갈 때마다 하던 실수-다 봐야지, 힘들어, 다음에 또 와야겠다. 안녕-를 하지 않기 위해서 이번에는 꼭 봐야 하는 유물들 몇 개만 꼼꼼히 보자는 다짐을 했다. 오후 1시부터 6층 한국관부터 관람을 시작했다. 유물이 특히 많은 중국관 일본관을 보고 한 층씩 내려오는데 시간이 너무 금방 갔다. 그래도 이 정도면 1층까지 시간 내 갈 수 있겠지, 자신했는데 웬걸? 밑으로 내려올수록 유명한 유물이 더 많고 시간이 더 많이 걸렸다. 급기야 1층 이집트관에서 미라와 로제타 스톤은 문 닫는 시간과 맞물려 바람결에 스치듯 한 눈으로만 감상하고 우리는 대영박물관을 나와야 했다. 다짐에 다짐을 거듭했건만 같은 실수를 또 반복하고 말았다. 다 보고 싶다는 욕심과 다 볼 수 있을 거라는 자만심을 버리지 못한 인간의 한계였다.

대영박물관을 나오면서 딸과 이탈리아 여행을 가서 피렌체 우피치 미술관 투어를 했던 기억이 떠올랐다. 당시 일정은 빠듯하고 이틀 만에 피렌체는 다 보고 싶고 해서 나는 미술관 투어를 신청하였다. 미술관 투어는 2시간짜리 프로그램이었다. 투어가이드는 2시간 안에 미술관을 다 둘러보기 위해서 아주 유명한 작품들 그리고 역사적으로 중요한 작품들만 골라서 투어를 진행하였다. 다 보지 못해서 아쉬워서 돈 아깝다는 생각도 살짝 들었지만, 그래도 설명을 들으면서 그림을 보니 그림이 새로이 보였다. 아는 만큼 보인다는 것이 이런 것이었다. 이래서 투어를 신청해야 한다는 생각이 들었다. 몇 시간 안에 다 볼 수 없다는 건 아마 모두가 다 아는 사실이다.

이탈리아와 영국 여행을 경험한 지금 현재, 나는 역사 해설가 겸 문화유산체험학습지도사로 활동하고 있다. 내가 하는 수업도 대개 두 시간짜리 수업이다. 성인이든 어린아이든 유적지를 돌면서 해설을 듣고 체험 학습을 하는데 두 시간이 넘으면 체력과 집중력에서 매우 힘이 든다. 그 뒤로부터는 해설을 듣는 게 아니라 해설이 그냥 귀에 흘러 들어갔다 다시 나오는 것일 뿐이다. 그래서 두 시간 안에 최대한 많은 사실을 지루하지 않게 집중적으로 해설하려고 노력한다.

그러다 보니, 궁궐도 박물관도 중요한 코스만 갈 수밖에 없다. 중요한 유적지와 중요한 유물 서너 가지라도 제대로 알고 돌아간다면 성공한 학습이 된다. 초등학생이나 중학생의 경우에는 성공한 학습이 되려면 체험장에서(혹은 박물관에서) 직접 그들의 손으로 눈으로 몸으로 부딪쳐 보는 것이 중요하다.

가정에서 바쁜 엄마나 아빠가 이런 방식으로 자녀의 학습을 진행하는 것이 어렵기 때문에 현장 체험 학습센터나 외부 기관에 아이들의 현장학습을 의뢰하고 맡기는 경우가 많다. 나로서는 감사한 일이다.

하지만 박물관에 한두 번 간다고 해서 모든 유물을 다 볼 수 없고 여러 번 간다고 해도 모든 유물을 다 학습하고 기억한다는 장담도 할 수 없다. 그때마다 외부 기관에 의뢰한다면 학부모 입장에서는 비용이 부담되는 것 또한 사실이다.

그래서 여기에 아이들과 함께 박물관에 가서 비교적 재미있게 유물을 보고 박물관을 즐길 방법을 하나 제시할까 한다.

거의 모든 박물관은 인터넷 홈페이지를 보유하고 있고 홈페이지에는 각 박물관들이 소장하고 있는 유물을 찾아볼 수 있게 하였다. 가고자 하는 박물관 홈페이지에 가서 '상설전시' 혹은 '소장품'을 찾아 클릭한다. 여기에 가면 각 박물관들이 현재 소장하고 있고 전시하고 있는 주요 유물들을 전시실별로 보여주고 있는데, 사진과 함께 간략한 설명도 볼 수 있다. 유물이 많기 때문에 모든 유물을 다 확인할 수는 없지만 원하는 전시실에 있는 유물들 사진 서너 개 정도만 적당한 크기로(추천하는 사이즈는 A4지 1/8 혹은 1/16이다. 크기는 클수록 좋겠지만 종이와 잉크를 절약하는 것이 좋겠다.) A4에 복사하여 컬러로 프린트를 해서 준비한다. 이때 전시실별로 구분을 하는 것이 좋다.

국립중앙박물관 1층을 예로 든다면, 1층에는 선사/고대관과 중근세관이 있는데 선사/고대관에는 하위 분류로 다시 10개로 나뉜다. 그것은 구석기, 신석기, 청동기/고조선, 부여/삼한, 고구려, 백제, 가야, 신라, 통일신라, 발해이다. 중근세관은 고려1, 고려2, 조선1, 조선2, 조선3, 대한제국의 6개로 나뉘어 있다. 이것들은 모두 합하면 총 16개의 전시실로 분류된다.

전시실별로 유물 2개씩을 준비해서 출력하면 유물 32개가 되고 이를 위해서는 A4지 4장이면 된다. (한 장에 1/8로 나누어 8개의 유물을 출력한다고 가정하자.)

박물관을 방문할 때 출력된 유물 종이를 가지고 가서 팀을 나누든 개인전을 하든 유물 찾기 게임을 하는데, 해당 유물의 사진에 그 유물의 이름을 더 빨리 적어오면 게임이 끝나는 것이다. 이렇게 하면 적어도 출력을 해간 유물에 한해서만이라도 기억을 하게 된다. 동시에 가족끼리 게임도 진행하게 되니 화목도 돈독하게 될 것이다. 단, 조건이 있는데 한 사람은 답을 알고 있어야 하며 유물 찾기 게임을 진행할 때 박물관 내에서 뛰거나 소리를 치면 안 된다. 다른 사람의 관람에 방해하는 행동을 하면 안 될 것이다.

한번 가서 모든 전시관 유물을 찾는 게임을 하는 건 무리일 수도 있으니 서너 번 방문한다는 생각으로 전시실을 나누어 진행하는 것이 좋다. 집과 멀리 떨어져 있는 박물관이라면 자주 방문하기 어려우니 부득이하게 모든 전시실을 이런 식으로 유물 찾기를 해보는 것도 좋을 것이다.

방법은 일단 전시실을 쭉 한번 다 둘러본 다음 어느 전시실이 어느 위치에 있는지, 그리고 어느 전시실과 어느 시대가 어떤 특징이 있는지는 개략 설명을 먼저 읽어보고 진행하면 유물 찾기도 쉽고 역사를 이해하는 데도 훨씬 도움이 된다.

아이들이 무언가에 몰입하기 전에는 일단 흥미를 느껴야 하고 재미를 느껴야 한다. 이건 어른도 마찬가지이다. 부모로서는 조금 번거로운 일이 될 수도 있지만, 우리 아이가 역사에 흥미를 느끼게 된다면, 조금의 사교육비라도 아낄 수 있다면 이만한 노력쯤이야 못하겠는가? 그리고 무엇보다 이런 가족 활동을 통해서 아이들이 잊지 못할 추억과 행복의 순간을 가질 수 있다면 그것만으로도 이미 충분하다고 할 것이다.

단, 알아두어야 할 게 하나 있다. 박물관에는 전시 유물이 있고 수장고에 보관 중인 보관 유물이 있는데, 정해진 것은 없지만 일정 기간을 두고 전시 유물을 보관 유물과 교체하거나 유물의 수리나 외부로의 대여 등으로 인하여 전시가 안 되는 경우도 가끔 있다. 이런 정보는 홈페이지에서 미리 확인하는 게 필요하겠다. 어렵사리 비싼 잉크까지 써가며 출력을 해갔는데 유물이 없어서 유물 찾기 미션을 못하면 아깝기도 하고 재미가 줄어들 수도 있기 때문이다.

| 박물관 유물 재미있게 둘러보는 방법 |

번호	방법
1	박물관 홈페이지 찾아간다.
2	홈페이지에서 전시실, 상설전시, 소장품 등의 메뉴를 찾아 클릭한다.
3	전시실별로 유물을 찾아 출력할 유물을 선정한다. (1 전시실별 1~3개 추천)
4	선정 유물을 이미지 복사 후 한글/워드/PPT 파일에 붙인다. (A4 한 장에 8개 추천)
5	가족 구성원 수대로 컬러 출력한다. (혹은 2명에 한 장으로 출력)
6	박물관 방문하여 전시실을 먼저 간략히 둘러 본다.
7	전시실 입구에 있는 개괄 설명을 읽어 보면 좋다.
8	유물 찾기 게임 시작 (제한 시간을 반드시 줄 것. 예) 1 전시실-5분)
9	게임 완료 후 집합 및 답을 맞춰 본다.
10	제일 많은 정답을 맞힌 사람에게 상품을 수여하거나 소원 들어주기를 한다.
11	행복한 가족의 순간을 사진으로 남긴다.

주제가 있는
박물관

우리나라에는 몇 개의 박물관이 있을까?

2020년 문화체육부가 조사한 자료에 따르면(전국문화기반시설 총람), 미술관을 제외하고 대학박물관과 사립박물관을 다 합하면 약 900여 개의 박물관이 있다. 이중 100여 개 정도 되는 대학교 박물관을 제외하면 약 800여 개의 박물관이 있는데 여기에는 모든 종류의 박물관이 다 포함되어 있다.

박물관은 운영 주체에 따라, 국립박물관, 공립박물관, 사립박물관, 대학박물관으로 나뉘고 시설 규모에 따라 1종 종합 박물관과 2종 전문 박물관으로 나뉜다. 하지만 일반 대중이 박물관을 방문할 때 이것이 1종인지 2종인지 구분하면서 방문하지는 않는다. 국립이냐 사립이냐 하는 구분도 일반 대중에게는 크게 따질 문제는 아니다. 국립이거나 1종이면 좀 더 크거나 소장품이 많겠거나 야외 전시실이 있겠거니 하는 정도를 생각할 수는 있을지도 모르겠다.

우리가 박물관을 방문할 때 중요하게 생각하고 따지는 것은 무엇을 전시하고 보여주는 박물관이냐는 것이다. 즉, 전시품의 종류와 콘텐츠를 고려하여 좋아하는 곳을 방문하는 것이다.

박물관은 역사와 고고학과 관련된 곳이 제일 먼저 생각나지만, 주변을 둘러보면 수많은 종류의 콘텐츠를 가진 박물관들이 있다. 역사박물관은 말할 것도 없고, 어느 인물의 생애를 조명하고 업적을 기리는 인물 박물관, 과학박물관, 민속박물관, 종교박물관, 음악이나 미술 혹은 영화 등을 다루는 박물관, 직업이나 회사의 내력을 볼 수 있는 박물관, 음식 박물관 등 이루 헤아릴 수 없는 다양한 종류의 박물관이 우리 주변에 있다. 지방자치제의 발달로 어느 지역이든지 지역 자체의 역사박물관도 있고 지역의 특산품, 특징적인 것을 부각하기 위한 박물관도 많이 기획되어 설립되어 있다. 이런 박물관 중 관심 가는 곳 한 개씩만 골라 찾아다녀도 주말 '1박 2일'을 고민할 필요도 '아빠 어디가?'며 회사 일로 정신이 나가 있는 아빠들을 괴롭힐 필요도 없다.

그런데 바쁜 일상 중에 어디에 뭐가 있는지, 정작 내가 무엇을 보고 싶은지 모르는 경우가 많다. 그냥 남들이 좋다고 하니 나도 한번 가보자는 생각이 대부분이고 방송에서 소개가 한번 되면 우리도 저기 가보자는 식으로 주말 계획을 정하는 경우도 허다하다.

그래서 우리나라 박물관 800여 개(대학박물관 제외) 중 역사와 관련된 박물관 중에서 아이들과 함께 가볼 만한 전국의 박물관 38곳을 내 나름대로 골라 추천을 해보았다. 엄마가 직접 하는 역사 공부, 아이와 함께 역사와 가까워지기를 표방하고 쓰는 책인 만큼 역사와 연관 있는 곳이어야 한다고 생각했다.

그중에서 국립박물관 중 지역 대표 국립박물관은 제외하였다. 굳이 이 책에서 추천하지 않더라도 국립○○박물관은 누구나 쉽게 검색하여 찾기 쉽기 때문이다. 그리고 지역의 향토 역사박물관도 제외하였고 인물을 기념하기 위한 장소도 제외하였다. 인물 기념관을 추가한다면 너무나 많은 곳을 추가하고 싶고 추가해야 하기 때문에 리스트가 너무 복잡해질 것 같았다.

그리고 접근성과 방문 빈도를 고려하여 도서 지역은 제외하였다. 여기에는 비행기나 배로만 이동할 수 있는 곳, 즉 제주도와 울릉도가 해당된다.

이렇게 제외할 곳을 모두 삭제하고 남은 곳 중에서 전반적인 역사를 다룬 곳이 아닌 특정한 주제를 가진 박물관을 선정하였다. 주제를 가진 박물관을 찾아 둘러본다면 해당 주제에 대하여 하나는 머릿속에 담고 가슴속에 새겨 갈 수 있겠다는 생각이 들었기 때문이다. 이것은 나의 경험에 의한 것이기도 하다.

또한 특정한 주제를 가진 박물관 중에서 규모나 시설 면에서 시간을 들일 만하고 아이들이 체험을 할 만한 장소가 있는 곳 위주로 선정하였다. 체험할 곳이 비교적 적다면 활동지나 야외전시물이나 공원이 같이 조성된 곳을 우선으로 선정하였다.

그리고 무엇보다 이런 주제는 꼭 한번 가족 단위로 가서 보고 체험하고 다 같이 느꼈으면 하는, 내가 중요하다고 생각하고 좋아하는 주제를 가진 박물관을 골라 선정하였다.

| 주제별 추천 박물관 리스트 |

번호	시도	시군구	이름	주제
1	경북	고령군	대가야 박물관	가야
2	경남	김해시	대성동 고분 박물관	가야
3	전남	강진군	고려청자 박물관	고려
4	전남	목포시	목포 근대역사관 1/2 관	근대사
5	서울	중구	석조전 대한제국역사관	근대사
6	부산	중구	부산근대역사관	근대사
7	대구	중구	대구근대역사관	근대사
8	인천	중구	짜장면 박물관	근대사
9	전북	군산시	군산근대역사박물관	근대사
10	서울	용산구	국립한글박물관	기록의 중요성
11	강원	평창군	왕조실록의궤박물관	기록의 중요성
12	충북	청주시	청주고인쇄박물관	기록의 중요성
13	전북	정읍시	동학농민혁명 기념관	동학
14	서울	송파구	한성백제박물관	삼국시대
15	경기	구리시	고구려 대장간 마을	삼국시대
16	충남	부여군	정림사지박물관	삼국시대
17	전북	익산시	마한박물관	삼국시대
18	부산	영도구	동삼동패총박물관	선사시대
19	울산	울주군	울산암각화박물관	선사시대
20	경기	연천군	전곡선사박물관	선사시대

번호	시도	시군구	이름	주제
21	충남	공주시	석장리 박물관	선사시대
22	경남	진주시	진주청동기문화박물관	선사시대
23	서울	강동구	암사동선사유적박물관	선사시대 엿보기
24	경기	남양주시	실학박물관	실학
25	전북	전주시	어진박물관	어진. 조선의 왕
26	경남	의령군	의병박물관	의병
27	서울	서대문구	서대문형무소역사관	일제강점기와 독립운동
28	부산	남구	국립일제강제동원역사관	일제강점기와 독립운동
29	대구	중구	국채보상운동기념관	일제강점기와 독립운동
30	경기	광주시	일본군위안부역사관	일제강점기와 독립운동
31	충남	천안시	독립기념관	일제강점기와 독립운동
32	서울	용산구	전쟁기념관	전쟁과 분단의 아픔과 통일
33	부산	남구	유엔평화기념관	전쟁과 분단의 아픔과 통일
34	경기	파주시	국립6 . 2 5 전쟁납북자기념관	전쟁과 분단의 아픔과 통일
35	강원	고성군	강원도디엠제트박물관	전쟁과 분단의 아픔과 통일
36	경남	거제시	포로수용소유적박물관	전쟁과 분단의 아픔과 통일
37	서울	종로구	대한민국역사박물관	현대사
38	경기	파주시	한국근현대사박물관	현대사

위 표에서 보면 13개 종류의 주제가 나열되어 있다. 가야는 박물관의 숫자도 많지 않고 다루고 있는 곳도 적은 편이다. 지역적 한계가 있을 것이다. 고려도 마찬가지인데, 고려의 수도 개성이 북한에 있다 보니 이 역시 어쩔 수 없는 지역적 한계를 지니고 있다. 하지만 강진에 있는 고려청자 박물관은 강진이 주요 도자기 가마터였던 점을 주목하여 고려 역사 중에서도 청자 부문에 집중하여 박물관을 꾸

였다. 아주 넓은 곳에 도자기를 만들 수 있는 체험관도 있어서 가족 단위로 즐기기엔 아주 좋다고 생각한다. 거리가 좀 멀지만 한번 맘먹고 가서 주변의 관광지도 같이 구경한다면 아주 알찬 가족 여행이 되리라 자신한다.

리스트 중에서 근대사를 다룬 곳이 제일 많다. 아무래도 우리나라는 격변의 근대사를 겪다 보니 각 지역마다 근대사박물관을 구비한 곳이 많은데 그 어느 한 곳도 허투루 된 곳이 없고 알찬 전시물과 아기자기한 주변 경관을 같이 보유하고 있다. 이곳들도 여행을 간 김에 주변 관광지를 같이 보는 것을 적극 추천한다.

우리나라는 활자와 인쇄 분야에 있어 세계 어느 나라에 뒤지지 않는 역사 발전을 이룬 나라이다. 특히 기록 문화와 훈민정음은 두말할 필요도 없는 세계적 문화유산이다. 이들 기록 문화들과 인쇄의 발자취를 체험과 함께 볼 수 있는 박물관이 세 곳이나 있다. 꼭 가보기를 추천한다.

가장 최근에 설립되고 재단장한 전북 정읍의 동학농민혁명기념관을 보고 그 구성의 알참에 탄복을 하였다. 어른, 아이 할 것 없이 누구나 알기 쉽게 전시되어 있고 체험과 야외 전시도 잘 조화되어 있었다. 지리적으로 가깝지 않아서 자주 가보지 못한다는 것이 두고두고 아쉬운 그런 박물관이었다.

삼국시대와 선사시대를 다룬 박물관은 남아있는 궁궐이나 유적이 조선 시대에 비하여 많지가 않다. 남아있는 건, 남쪽에 있고 승자로서 기록된 신라 시대가 많으며, 백제나 고구려는 찾아볼 유물과 유적이 풍부하지 않다. 궁궐터, 유적터로만 남아있는 경우가 대부분이다. 이런 점들을 보완하기 위해서 박물관들은 영상과 디오라마, 터치스크린 등으로 체험할 수 있게 만든 곳들이 많은데 그래서 오히려 이 시기의 박물관들을 아이들은 더 좋아한다. 직접 할 수 있는 것이 많기 때문이다. 이 박물관들을 방문한다면 일단 아이들이 지루해하지 않을 것이라고 장담한다.

우리나라 곳곳에 많이 분포되어 있는 박물관 중에 일제 강점기와 독립운동과 관련된 곳이 지역마다 하나씩은 있다. 그만큼 일제 강점기 우리 민족 모두가 고통과 억압 속에서 살아왔다는 반증일 것이다. 그중 전시가 잘 되어있고 체험도 같이 할 수 있는 몇 개의 전시관을 골라 추천해보았다. 어느 곳이든 방문하여 구석구석 둘러보면 울분과 분노를 느끼지 않을 수 없다. 역사를 잊은 민족에게 미래는 없다는 누가 했는지 모를 이 말을 가장 뼈저리게 느낄 수 있는 곳이 바로 이 주제에 해당하는 곳이다. 이 박물관에서는 체험도 중요하지만, 설명과 안내판을 자세히 보고 가슴 속 울림을 알아챘으면 좋겠다.

아이들과 함께 다니다 보면 아이들에게 가장 선호도가 높은 박물관은 한국전쟁과 관련된 곳이다. 최근의 일이기도 하고 가족 중 연관이 있는 사람이 있기도 하며 무엇보다 현재 우리나라는 세계에서 유일한 분단국가로 여전히 북한의 도발 속에서 살고 있기 때문일지도 모르겠다. 그리고 영화나 게임 속에서만 보던 전쟁과 총싸움이 불과 얼마 전에 여기 이 땅에서 벌어졌다는 사실이 실제처럼 느껴진다는 소감을 전하는 아이들도 있었다.

이 리스트의 박물관들은 모두 다 한국전쟁과 연관이 있는 것들이긴 하지만 조금씩 상세 주제는 다르다. 어떤 것은 참전한 유엔군의 희생을 집중해서 보여주고 있고, 어느 박물관은 분단을 가장 여실히 보여주는 비무장지대에 초점을 맞춘 곳도 있다. 거제도 포로수용전시관은 유일한 전쟁 포로와 관련된 전시관인데 아주 상세하게 포로 생활을 보여주면서 전쟁의 비극을 알려주고 있기에 다시는 전쟁이 이 땅에서 일어나면 안 되겠다는 것을 느끼게 해 준다.

여기 나열된 주제를 가진 박물관과 함께 국립박물관이나 지역 공립박물관을 함께 종종 둘러본다면 우리 아이들이 거의 역사 해설가 수준까지 도달하게 될 것이다. 엄마는 아이가 가진 호기심을 관심으로 업그레이드시키고 그 관심을 아이 스스로 찾아보고 공부하는 사람으로 이끌 수 있는 가장 가까운 선생님이자 생활 지도자이기 때문이다.

9

역사는
70%의 이해와
30%의 암기로
이루어진다

학생들에게 역사 과목이 암기 과목이냐, 이해 과목이냐고 물어보면 많은 학생들이 역사는 암기 과목이라고 말할 것 같다.

수업 시간에 배우는 역사에는 사건도 많고 사고도 많고 등장하는 인물도 너무나 많다. 반만년의 유구한 역사를 지닌 대한민국의 역사를 암기 없이 완벽한 이해만으로 머릿속에 집어넣으려면 초등학교 4학년부터 고등학교 3학년까지 약 8년 동안 일주일에 한두 시간 배우는 것으로는 시간이 부족하다. 그래서 우리는 시간이 많이 드는 역사 공부법– 시간 흐름에 따른 순서의 이해와 인과 관계에 대한 납득과 기승전결의 스토리로 이해하는 역사 대신에 비교적 짧은 시간에 문제를 맞힐 수 있는 단순 암기로 역사를 공부하고 있다. 그래야 시험을 칠 수 있었고 몇 개의 키워드나마 끄집어낼 수 있었기 때문이다.

하지만 아쉽게도 암기로 집어넣은 역사 지식은 머릿속에 오래 남아있지 않다. 시험을 치고 학교를 졸업하고 나면, 어떤 사건의 이름은 기억이 나지만 그 사건이 무엇인지 언제 일어났는지 왜 일어났는지에 대해서 대부분은 그저 까마득해질 뿐이다.

왜 이런 일이 일어나는 것일까?

이해가 필요한 부분을 암기하고 암기가 필요한 부분은 역사가 암기 과목이라는 선입견과 부담이 우리의 암기를 방해하고 있기 때문이다.

나는 어떤 공부에서는 암기가 중요하다고 생각한다. 암기는 기억이다. 기억은 데이터베이스이다.

우리 옛 속담에 '구슬이 서 말이라도 꿰어야 보배'라는 말이 있다. 여기에서 구슬에 해당하는 것이 데이터베이스라고 할 수 있다. 보배를 만들고 싶어도 구슬이 없으면 아무것도 할 수 없다. 무엇을 하든 일단 구슬부터 모아야 한다. 크고 비싼 보배를 만들려면 구슬들을 아주 많이 모아야 한다. 구슬 열 개로 만들 수 있는 보배와 구슬 백 개로 만들 수 있는 보배는 크기와 모양에서 차이가 날 수밖에 없다. 구슬 천 개가 있다면 내가 원하는 보배를 만들기 위해 몇 개의 구슬은 사용하지 않고 갖고만 있을 수도 있다. 그건 나중에 다른 보배를 만들 때 사용할 수도 있다.

이렇듯 데이터베이스를 많이 쌓아 놓으면 꺼내서 쓸 수 있는 용도가 다양하다. 내 취향대로 편집을 할 수가 있게 된다. 데이터베이스를 많이 쌓아 두는 것, 이것이 바로 기억이며 암기이다.

어떤 사람들은 말하기도 한다. "정보와 지식은 인터넷에 널리고 널렸는데 굳이 지식과 정보를 암기할 필요가 있어? 인터넷 검색 한 번이면 다 끝나는데?"

정말 인터넷 검색 한 번이면 다 끝날까?

요즘에는 정보가 넘쳐난다. 키워드 하나만 쳐도 인터넷 포털에 관련 정보와 지식이 너무 많아서 무엇을 골라서 무엇을 사용해야 할지 선택하는 것이 요즘 인터넷 사용자들의 고민이다. 정보가 넘쳐나고 그에 따른 선택을 고민하는 것에 대한 심리학 실험도 있는데 바로 콜롬비아대학교 아이엔가 교수의 '잼 실험'이다.

24개 잼이 있는 가게보다 단 6개의 잼이 있는 가게의 매출이 7배나 많다는 실험인데, 억수같이 쏟아지는 정보의 양이 오히려 선택과 집중을 방해한다는 것을 보여주는 실험이다. 정보가 너무 많아도 무엇을 골라 써야 할지 모른다면 도처에 널린 정보는 한두 개만 있는 것보다 못할 수도 있다. 많은 정보 가운데서 나에게 필요한 것이 무엇인지 알고 골라내는 능력, 선택에 대한 내 시간을 줄여주는 효과를 갖고 있는 역량이 바로 암기력이라고 생각한다.

내가 기본 데이터베이스, 즉 필수적인 기억과 지식을 가지고 있어야 검색해서 나오는 정보 중에서 어떤 것이 중요한 것인지 어느 것이 버려도 되는 쓸데없는 정보인지 가려낼 수 있게 된다. 보배를 만들고 잔치를 열려면 내 곳간에 구슬과 보물이 많아야 하고, 어느 곳간 어느 구석에 어떤 구슬이 있고 어떤 보물이 있는지를 알아야 꺼내 쓸 수 있다. 그래서 암기는 필수적으로 해야 한다. 이것은 역사에 국한된 이야기는 아니다. 역사만 아니라 영어, 수학, 탐구 등 거의 모든 공부 분야에 해당하는 이야기라고 생각한다. 적어도 전체 지식 중에서 꼭 필요한 30%는 암기하고 가자.

그러면 암기만 하면 되냐? 그건 또 아니다.

앞서 역사를 공부해야 하는 이유를 설명할 때 인과 관계에 대하여 이야기하였다. 인과 관계는 외운다고 될까? 꼬리에 꼬리를 무는 원인과 결과의 관계는 외우려고 하면 한도 끝도 없다. 정말 외우다가 진이 빠져 공부에 손을 놓게 된다. 인과 관계를 이해해야 한다. 이해는 '구슬이 서 말이라도 꿰어야 보배'에서 '꿰어야'에 해당하는 것이다.

수많은 데이터베이스(구슬, 암기한 지식)를 이해해야(꿰어야) 가치를 부여하고 보배를 만들 수 있다. 유리구슬은 유리구슬끼리 모아서 유리 목걸이를 만들어야 하고, 다이아몬드는 다이아몬드끼리 꿰어 다이아몬드 목걸이를 만들어야 한다. 유리와 다이아몬드를 잘못 꿰면 그 목걸이는 제 값어치를 못하게 되는 것이다.

최소한의 암기를 하고 전반적으로 이해를 시도해야 한다. 특히 역사는 그런 공부이다.

연표는
재미없다고?

학창 시절 역사를 배울 때 친구들한테서 가장 많이 들었던 말은 이거였다.

"연도 외우는 거 완전 짜증 나. 이 많은 연도랑 숫자를 어떻게 다 외우니? 이래서 내가 역사를 싫어한다니까."

연도는 외우기 어렵고 헷갈린다는 것은 예나 지금이나 마찬가지 상황이다. 지금도 아이들 역사 수업을 할 때 연도를 같이 이야기하면 그때부터 아이들은 숫자의 늪에 빠져 역사의 스토리를 잊어버리고 연도 때문에 이야기를 놓쳐 버리는 경우가 많다. 그래서 아이들에게 역사를 가르치는 사람은 역사 사건의 연도를 잘 이야기하지 않는다. 어떤 사건이 몇 년 도에 일어났고 또 몇 년 도에 발생했다고 말하는 순간, 아이들은 역사는 이야기가 있는 흥미로운 것이 아닌 그저 암기 과목이라는 생각부터 하기 때문이다.

연표는 또 어떤가? 단 몇 장의 종이로 역사의 흐름을 한 눈에 보기 좋게 만드는 가장 좋은 방법은 연표이다. 선사부터 현재까지 줄 하나만 있으면 사건의 시간순으로 어떤 사건이 있었는지 어느 시대가 어디쯤 있었는지 쉽게 알 수가 있다.

하지만, 보통의 우리는 어떠한가? 촘촘한 줄들과 숫자로 가득 찬 연표를 보면 가슴부터 답답해진다. 그저 숫자와 단어 몇 개의 나열로만 느껴질 뿐 이야기의 흐름으로는 연결되지 않으며 잠깐 가졌던 역사를 향한 흥미는 연표를 보는 동안 오히려 반감될 뿐이다.

이런 연유로 인해 우리는 연도, 연표 같은 것을 그다지 반기지는 않는 경향이 있다.

그래서 요즘 역사를 가르치는 기관이나 교재는 연도를 표기하기는 하되 크게 드러내지 않는 경우가 많고 연도를 강조하는 대신 이야기의 흐름을 우선하는 경우가 대부분이다.

역사 교육을 하고 있는 어떤 강사는 이렇게 말한 적이 있었다.

"선생님, 수업할 때 몇 년도에 일어났다, 뭐 이런 거 말하지 마세요. 아이들 흥미도 떨어뜨리고 짧은 수업 시간내에 다 외우지도 못해. 그냥 사건이 일어난 흐름만 순서대로 이야기해주면 돼요."

하지만 나는 연도와 연표를 이해하는 것이 역사를 알고 흐름을 이해하는 데 아주 큰 도움이 된다고 생각하기 때문에 선뜻 이 말에는 동의할 수 없었다. (하지만 그분의 경험에서 우러나온 이야기이니 최대한 참고는 하고 있다.) 아주 초보라면 몰라도 역사를 조금이라도 공부하고 듣고 알아본 사람(혹은 학생)이라면 오히려 연도와 연표가 역사적 사건의 이해를 훨씬 더 빠르게 한다고 생각한다.

우리는 어디를 가든 서로의 나이를 묻는다. 왜 그런가? 물론 나이를 묻는 것이 군대식 서열 문화의 나쁜 폐해라는 의견도 있다. 실제로 나는 나이부터 묻고 따지는 것을 개인적으로는 크게 좋아하지는 않는다. 하지만 나이를 묻고 확인한다는 것, 이것은 한편으로는 어떤 것의 순서를 알고자 하는 자연스러운 논리적인 사고의 표출일 수도 있다.

컴퓨터에 어떤 데이터를 입력하고 처리하고 결과가 도출되는 행위를 일목요연하게 표현해 놓은 것을 우리는 '순서도'라고 한다. 삼각형, 사각형, 타원형의 그림을 이용하여 어떤 일의 처리 과정이 어떻게 흘러가는지 한눈에 보기 좋게 그려놓은 것이다. 사람은 복잡한 어떤 것을 내가 알기 쉽도록 단순하게 표현하는 것을 좋아한다. 그래야 이해도 쉽고 기억도 쉽다.

우리가 책을 살 때를 생각해 보자. 우리는 무엇을 보고 책을 구입하는가? 저자의 유명세? 유명한 저자의 책은 믿고 보아도 재미있을 확률이 높아서 저자의 유명세는 좋은 이유가 된다. 그다음은? 예쁜 책 표지? 혹은 책의 가격? 책 두께? 수많은 구매 요소가 있지만 책의 경우 가장 큰 구매 이유는 책의 '목차'일 것이다.

우리가 책을 살 때 가장 먼저 확인하는 것이 목차이다. 목차를 보면 책의 저자가 무엇을 말하려고 하는지, 이 책은 무엇에 관한 책인지를 단번에 알 수 있다. 목차는 저자가 하려는 이야기를 도입부터 결말까지 논리적 방법으로 일목요연하게 정리한 순서라고 할 수 있다. 목차는 건물로 치면 설계이고 방학을 앞둔 학생이라면 생활계획표와 같은 것이다. 저자가 설계한 순서도인 목차를 읽으면서 우리는 책에서 무엇을 얻을 것인지 책을 살 것인지 말 것인지 결정하게 된다.

단순하지만 이처럼 순서는 우리의 기억과 행동과 결정에 큰 영향을 준다.

공부란 복잡한 순서의 기억이다. 순서에는 반드시 원인과 결과가 있다. 복잡하게 얽힌 원인을 알고 전개를 살피면 결과라는 종착역에 도달하게 된다. 이 모든 일련의 과정이 논리적 사고와 전개에 기반한 것이다.

역사에 있어 책의 목차나 일의 순서도에 해당하는 것이 연표라고 나는 생각한다. 처음부터 모든 역사의 연표를 알 수도 없고 알 필요도 없다. 하지만 몇 가지 내가 흥미로운 것의 연도를 알고 직접 연표를 그려본다면 의외로 연표나 연도가 재미있다는 것을 발견하게 될 것이다.

기준점을
잡아라

그렇다면 연표와 연도를 어떻게 외워야 할까? 주요하다고 하는 사건의 연도를 시대순으로 그냥 달달 외우는 건 당연히 아니다. 어떻게 해야 머릿속에 역사의 시대가 순서대로 나열될 수 있을까?

첫째, 아이들이 그나마 친숙하다고 생각하고 몇 번 들어본 적이 있는 사건을 하나 떠올린다. 이 사건이 아이들이 시대라는 데이터를 잘 엮을 첫 번째 매듭, 기준점이 된다.

우리는 인생을 살면서 스스로에게 아이들에게 친구들에게 조언을 해줄 때, 혹은 그들에게 조언을 받을 때 자주 듣는 말이 있다.

'중심을 잡아라. 네가 중심을 잡고 제대로 잘 서 있어야 한다.'

인생사 조언에만 중심이 필요한 게 아니다. 역사의 연대를 암기하는 데도 기준점, 중심이 있어야 한다.

내가 정한 역사 연대의 첫 번째 기준점은 조선의 건국이었다. 태조 이성계가 조선을 건국한 것은 1392년이다. 중학교 국사 선생님이 가르쳐준 역사 연도 암기법이 하나 있었다.

조선의 건국은 1392년이고 정확히 100년 뒤인 1492년에 콜럼버스가 아메리카 대륙을 발견하였고 그로부터 또 100년 뒤인 1592년에 임진왜란이 발발하였다. 100년이라는 시간을 두고 기억할 만한 큰 사건이 세 개가 있으니 기억하기 쉬울 것이라고 선생님은 말씀하시며 적어도 이 세 개의 연도 정도는 암기하면 좋겠다고 하였다. 어린 마음에 그 말이 꽤 좋아 보였는지 그 뒤로 내 역사 연표의 기준점은 조선의 건국인 1392년이 되었다.

조선은 기록의 나라였다. 조선왕조실록이나 승정원일기에서 국가 운영과 왕족에 대한 정보를 충분히 얻을 수 있고 선비들은 개인의 생활과 감상을 기록으로 남겨두었다. 그러다 보니 우리는 다른 그 어떤 역사시대보다 조선 시대와 관련한 수많은 콘텐츠를 쉽게 접하고 있다. 다른 시대에 비해 조선 시대가 쉽고 친근하다. 조선 시대의 왕에 대해서는 어디서든 한 번은 들어보았다. 정통 역사극이 아닌 퓨전 역사극이라 해도(예를 들면 공전의 히트를 친 '해를 품은 달'처럼) 드라마를 통해서 우리는 조선 시대를 접하고 있다. 퓨전드라마라고 해도 언급된 스토리와 사건들은 기존에 있던 사건들을 재구성하거나 약간씩 비틀어 소재로 삼는 경우가 많다. 조선 시대의 역사를 접할 기회는 이미 충분하다.

나도 우리 아이들에게 역사 이야기를 할 때 제일 먼저 시작한 것이 조선 시대였다. 선생님한테 배운 기준점 연도, 조선의 건국은 고스란히 우리 아이들에게 전수되었다. 백 년의 시간, 세 개의 커다란 사건.

하지만 기준점이 되는 사건과 연도는 개인마다 차이가 있을 수밖에 없다. 어떤 아이들은 궁예와 왕건을 좋아해서 고려를 기준점으로 잡고 싶어 할 수도 있고, 어떤 사람은 이순신 장군을 좋아해서 임진왜란을 기준점으로 할 수도 있을 것이다. 아무리 생각해도 마땅히 선정할 만한 사건과 연도가 없다면 조선의 건국 연도인 1392년을 추천하고 싶다. 여기에서는 1392년을 기준점으로 잡고 나머지 이야기를 해보겠다.

기준점이 정해졌으면 기준점을 두고 앞뒤로 중요한 역사나 관심 있는 역사를 배치해보자.

나는 '조선왕조 오백 년'이라는 말을 참 많이 듣고 자랐다. 아마 당시 같은 제목의 드라마가 있었기 때문이기도 했겠지만, 우리나라 역사는 서양이나 중국, 일본에 비하여 비교적 굵직하고 단순한 편이라 시간적 맥락을 잡기가 쉬운 편이다.

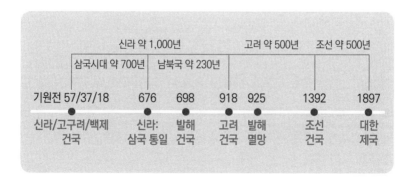

조선은 오백 년의 역사를 갖고 있다. 고려도 마찬가지로 약 오백 년의 역사를 가진 나라였다. 고려 이전에는 후삼국이라는 치열한 영웅들의 무용담이 넘치는 시절도 있었지만, 삼국시대부터 남북국시대까지 왕조의 존속 기간으로만 보면 신라가 가장 긴 약 천 년 정도의 역사를 갖고 있다. 신라 건국 이전을 쉽게 말해서 고조선이라고 한다면 우리나라는 고조선 2300년, 삼국/통일신라 1000년, 고려 500년, 조선 500년 정도의 약 4300여 년의 역사를 가졌다. (조선 이후는 여기에서는 생략한다. 역사를 세세히 공부하는 시간이 아니기 때문이다.)

조선 건국 1392년을 기준점으로 잡았으면, 기준점을 중심으로 위의 시간만큼 빼거나 더해주면 우리는 우리나라 4300년의 역사를 연대순으로 어림잡을 수 있게 된다.

조선은 500년 동안 지속된 나라이니 1392에서 500을 더하면 약 1892년 무렵 조선은 없어졌을 것이라고 짐작할 수 있다. 조선은 1897년 대한제국이 건국됨으로써 나라로서 운명을 다하였다.

고려도 500년 정도 지속된 나리니까 1392에서 500만큼 빼주면 고려가 건국한 시기와 얼추 비슷하게 된다. 즉, 1392-500하면 892년이 되는데, 실제 고려의 건국(918년)과 20년밖에 차이가 나지 않는다. 이런 식으로 생각하다 보면 삼국시대는 시기상 언제쯤인지 통일신라는 언제쯤 있던 나라인지 윤곽이 잡히기 시작한다.

나라별로 시기별로 덩어리가 만들어지고 익숙하게 되면 구체적인 나라 건국의 연도는 곧 익숙해지고 보다 쉽게 암기가 된다. 확실하다. 큰 덩어리의 윤곽이 잡힌 후 그 안에 들어갈 세세한 사건과 연도는 공부를 계속하면서 추가된 기준점들 사이에 집어넣으면 된다. 무작정 외우려고 하는 것보다 기준점을 잡고 시대의 부피를 가늠해보고 부피 속에 사실을 블록 쌓듯 하나씩 쌓아가면 어느새 머릿속에 한국사의 순서도가 그려져 있는 자신을 발견하게 될 것이다.

이것만 외우자. 기준점 조선 건국 1392년. 조선왕조 오백 년, 고려왕조 오백 년, 신라 천 년의 왕국. 그러면 시대의 부피가 잡힐 것이다.

03

'무엇 때문에?'는
이해를 부르고 암기를 낳는다

나는 남편과 함께 영화나 드라마 보는 것을 싫어한다. 사랑하는 남편과 영화나 드라마 보기를 왜 싫어하지? 반문하는 사람도 있을 것이다. 내가 남편과 영화나 드라마 보기를 싫어하는 이유는 영화를 보다 말고 불쑥 말을 걸기 때문이다. "저기서 저 사람 왜 저러는데?" "앞에 저 사람이 뭐라고 했는데?" 한창 등장인물의 감정선을 따라 몰입하고 있는데 이런 질문이 나오면 감정은 깨지고 몰입은 산산조각이 난다. 아니 왜, 같은 작품을 보고 있는데 누구는 이해가 되는데 누구는 이해를 못 할까? 몇 번의 취조를 통해 얻은 결론은 남편은 영화의 클라이맥스를 보고 있지만 영화의 앞부분을 대충 봤거나 건성으로 봤기 때문에 왜 영화의 줄거리가 그렇게 흘러갔는지 절정 부분에 이르렀는데도 전체 줄거리를 파악하지 못하고 있는 것이다.

세상 모든 일에는 반드시 원인이 있고 결과가 있다. 만약 원인 없이 발생하는 결과물이 있다면 그것은 억만 분의 일 확률로 벌어지는 요행이요, 기적이요, 혹은 사이코패스의 짓임이 분명하다. 다시 말해서, 지금 벌어지고 있는 어떤 일이 있다면 그 일이 벌어지게 된 어떤 이유가 어제이든 지난 달이든 작년이든 혹은 10년 전이든 꼭 있었다는 말이다.

우리가 역사를 공부할 때 인과 관계를 파악하고 이해하고 습득하면서 공부하면 시간이 정말 많이 들기 때문에 진도를 제때 나가기 힘들다. 그래서 우리는 사건을 나열식으로 쭉 늘어놓은 다음 무작정 암기를 하려고 한다. 연관성 없는 단순 암기는 오래가지 못한다.

에빙하우스라는 심리학자에 따르면, 사람은 오늘 암기한 분량의 1/4 정도만 다음 날까지 기억하고 있다고 한다. 이마저도 반복과 복습이 없다면 암기한 것의 대부분을 3일 이내에 잊는 게 자연스러운 것이라고 한다. 에빙하우스의 기억 이론은 단순히 무작정 외우려고 할 때 인간의 기억이 가지는 한계를 보여주는 연구이다.

무작정 외우려고 하지 말고 이해를 한다면 남아 있는 기억은 훨씬 더 많아진다. 이해를 잘하고 기억을 더 많이 하기 위해서 우리는 일의 원인을 제대로 알아야 한다. 한번 완전히 이해한 사건의 원인은 잊기 어려우며 혹시 부분적으로 잊더라도 다음에 기억을 꺼낼 때 무작정 외운 것보다 훨씬 유리하다.

학생들이 한국사를 배울 때 가장 헷갈리는 부분 중 하나가 조선 후기 고종 임금 당시 일련의 사건들이다. 우리는 순서대로 청일전쟁이 있었고 이후에 삼국간섭이 있었고 그 결과로 명성황후가 시해되는 을미사변이 생겼으며 이 때문에 고종이 도망가는 아관파천이 있었고 이후 고종은 대한제국을 세웠다는 것을 배우긴 배웠다. 그런데 이 사건들이 발생한 연도가 겨우 1, 2년씩밖에 차이가 나지 않고 청나라 일본 러시아가 너무 많이 나와서 순서대로 나열하는 것을 매번 헷갈려 한다.

아래의 표가 없다면, 삼국간섭이 먼저 일어났는지 을미사변이 먼저 일어났는지 역사를 배웠더라도, 달달 외우지 않았고 스토리를 이해하지 못했다면 순서를 헷갈릴 수 있다.

을미사변이 일어난 원인을 알아보자.

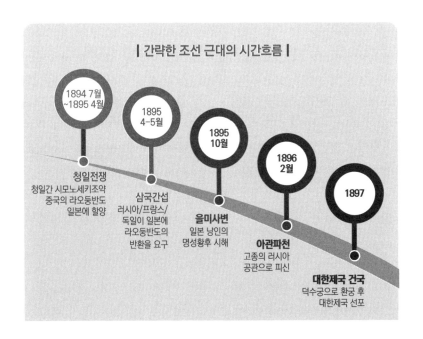

| 간략한 조선 근대의 시간흐름 |

1894 7월 ~1895 4월
청일전쟁
청일간 시모노세키조약
중국의 라오둥반도
일본에 할양

1895 4-5월
삼국간섭
러시아/프랑스/
독일이 일본에
라오둥반도의
반환을 요구

1895 10월
을미사변
일본 낭인의
명성황후 시해

1896 2월
아관파천
고종의 러시아
공관으로 피신

1897
대한제국 건국
덕수궁으로 환궁 후
대한제국 선포

청일전쟁은 일본의 승리로 끝이 났다. 청은 전쟁 패배의 대가로 일본에게 중국 땅 랴오둥반도를 영구히 주기로 했다. 하지만 랴오둥반도는 러시아랑 아주 가까웠기에 러시아는 일본이 랴오둥반도를 가지는 것을 극구 반대했다. 그래서 당시 세계에서 제일 힘 센 나라였던 프랑스와 독일에 부탁을 했다. 일본이 랴오둥반도를 못 가지게 해달라고. 청나라에서 빼 먹을 것이 있던 프랑스와 독일은 러시아의 부탁을 들어 주어 러시아, 프랑스, 독일 이 세 나라가 일본에게 받은 랴오둥반도를 다시 토해내라고 외교적으로 압박을 가했다. 힘 센 세 나라의 압박에 굴복할 수밖에 없었던 일본, 이 일을 계기로 고종 임금과 명성황후는 러시아가 힘센 나라임을 알고 러시아에게 더욱 의존하면서 일본과 친일 세력을 배제하였다. 조선에 대한 권한을 러시아에 뺏길 것이 걱정되었던 일본은 명성황후가 러시아와 친하게 지내고 일본을 배제하는 데 적극적인 것을 알아내었고 향후 조선을 완전히 잡아먹는데 방해가 될 것 같은 명성황후를 죽이기로 작정한다. 이 작정이 행동으로 드러난 것이 을미사변이었다.

을미사변에 대하여 정리가 되면 이번에는 '청일전쟁은 왜?'라는 의문을 가질 수 있다. 그다음에는 청일전쟁 전에 일어난 다른 사건에 대해서도 똑같은 의문과 조사 과정이 일어난다. 이렇게 원인을 알아가다 보면 어느새 시대 흐름과 여러 가지 사실이 나도 모르게 내 머릿속에 들와 있는 것을 깨닫게 되는 것이다. 일련의 과정에서 세세하게 아주 꼼꼼한 것까지 모두 다 알 필요는 없다. 그저 전반적인 흐름이라도 사건이 일어난 원인을 한번 조사하고 이해하면 적어도 사건이 진행된 순서를 헷갈릴 일은 없다. 이렇게 정리된 시간의 순서는 또 하나의 기준점이 되어 가지를 더 많이 뻗어나가는 바탕이 되는 것이다.

04

몇 개의 암기로
자신감 뿜뿜하는 우리 아이

학교에서 우리 아이가 선생님한테서 칭찬을 받아 오면 엄마들은 그렇게 기분이 좋을 수가 없다. 아이가 학교를 다녀와서 "엄마, 오늘 선생님한테 잘했다고 칭찬 들었어!"라고 자랑을 하는 날이면 세상에서 가장 돈이 많다고 하는 테슬라의 회장 일론 머스크가 절대 부럽지 않을 정도로 기분이 좋아진다. 아이들이 학교에서 칭찬받아 올 때 엄마들이 기분 좋은 이유는 단지 칭찬받았다는 사실 때문만은 아니다. 선생님의 칭찬 한마디로 인해서 아이들이 가지는 자신감과 당당함, 이것 때문에 아이들의 엄마인 우리는 이토록 아이들에게 칭찬받을 행동을 하도록 교육하는 것이다.

내가 역사를 좋아하고 뉴스를 즐겨 보는 편이어서 우리 집에서는 관련한 콘텐츠를 즐겨 보았다. 그래서 우리 집은 TV도 다같이 보곤 했다. 요즘에는 아이들 공부에 방해가 된다고 해서 집에 TV를 없애는 집이 아주 많은데 나는 생각이 조금 다르다. 어차피 사람들은 자기가 보고 싶은 것, 하고 싶은 것은 어떤 방법으로든 챙겨 보게 되어 있다. 아이들이 집 말고 밖에서 무분별한 콘텐츠를 접하고 즐기는 것보다는 가족이 함께 집에서 TV를 보면서 콘텐츠에 대한 선별과 시청에 대한 지도를 받는 게 더 낫지 않나 하는 생각이다. 엄마 아빠랑 같이 드라마도 보고 뉴스도 보고 다큐멘터리도 보면서 감상도 나누고 의견도 교환하는 것 말이다. 콘텐츠들 중에는 연령 제한이 있는 것도 많은데 한두 살 정도 오버하는 것은 부모와 같이 시청하는 것이 콘텐츠를 받아들이는 것이나 교육적인 면에서 아예 무시하고 안 보는 것보단 낫다고 생각한다. 아이들이 평생 영상과 콘텐츠를 무시할 수 없는 세상이 되었다. 그럴 바에야 좋은 콘텐츠를 고르는 안목을 키워주는 게 낫다.

TV나 신문을 통해 역사와 시사를 같이 보면서 아이들에게 역사와 시사와 관련된 이런저런 내가 아는 이야기를 자주 해주었다. 아이들은 엄마의 그런 이야기를 좋아하지는 않았지만 어쩌겠나? 귀에 들려오는 소리는 듣는 수밖에. 몇 번 듣다 보면 몇몇 단어는 귀에 박히는 법이다. 그러다 보면 아이들도 나이를 먹고 학년이 높아진다. 학년이 높아지면 학교에서 슬기로운 생활이니 바른 생활이니 하는 과목에서 사회, 역사, 국어 등으로 좀 더 세분화된 학습 단계에 접어든다. 이 무렵이 되면 엄마한테서 듣기 싫었지만 들었던 소리들이 중첩되는 경험을 하기 시작한다.

"엄마, 임진왜란이 일어난 게 1592년이라는 거 내가 수업 시간에 말했더니 선생님이 '우와 ○○이는 연도까지도 알고 있네'하고 대견해하시더라."

"엄마, 오늘 사회 시간에 초대 대통령 이야기가 나왔는데 내가 6.25 전쟁 때 시민을 버리고 먼저 도망간 얘기를 했더니 선생님이 그런 건 어떻게 알았냐고 놀라시더라."

한두 번 칭찬을 받고 자신감이 생기니 아이도 엄마의 이야기에 마냥 거부감을 보이지는 않게 되었다. 물론 좀 더 자라 김정일도 어찌할 수 없다는 중학년 2학년쯤 되면, 엄마의 사소한 말 한마디도 잔소리처럼 느껴져 '엄마, 이제 고만'이라는 수모를 종종 당하기도 했지만.

아이들은 남들은 모르는데 자신만 알고 있는 것 같을 때 은근 뿌듯해하고 스스로를 대견해한다. 이런 경험은 영어나 수학에서는 알기어렵다. 왠지 영어나 수학은 사교육의 범주에 드는 것 같고 영어나 수학을 잘해서 발표를 잘하고 점수를 받는 건, 부러움과 질투의 대상이 될 수 있지만 '그런 것도 알고, 대단한데'의 느낌과는 조금 다르다. 아이들이 역사나 시사를 알고 말할 때 받는 느낌은 영어나 수학을 알고 발표할 때와는 다른 '대단한데'의 그것이라 아이들은 더욱 뿌듯해한다.

의견이란 몇 가지 사실과 근거가 더해졌을 때 더욱 신빙성을 갖는법이다. 아이가 임진왜란이 1592년에 일어났다는 연도를 말했을 때갖게 되는 그 말에 대한 신뢰는 아이 자체가 친구나 선생님으로부터 갖게 되는 신뢰감으로 이어진다. 자신감과 학습의 선순환이 이어진다.

엄마와 함께한 사소한 몇 개의 암기는 아이에게 근거 있는 자신감을 갖게 한다. 그러므로, 네이버에만 의지하지 말고 내 머리에서 나오는 지식에 의존하는 습관을 갖게 하자.

05

지도 그리기
- 역사 이해의 꿀팁

역사는 시간의 기록이나 흔적이라고만 생각하기 쉽지만 역사는 공간의 이동과 움직임에 대한 흔적을 따라가는 것이기도 하다. 인간의 모든 활동은 시공간을 함께 아우를 때 완성되는 것이다.

원시 인류는 여러 번의 빙하기와 간빙기를 거치면서 더 살기 좋은 곳으로, 아프리카에서 유럽으로 아시아로 먼 길을 이동해 왔다. 게르만족도 아시아의 훈족을 피해 생존에 유리한 곳인 로마 부근으로 몇백 년에 걸친 대이동을 하였다. 중세 유럽 시대 십자군은 성전이라는 이름 아래에서 이슬람 지역으로 이동하여 기나긴 전쟁을 치렀다. 가까운 역사에서는 영국의 청교도인들이 자유를 찾아 아메리카 영토로 이동한 것이 대표적인 공간 이동의 사례라고 할 수 있다.

우리나라는 상대적으로 이동의 횟수나 거리가 크지는 않지만 그래도 나라 간 흥망의 역사가 반복될 때 국토의 변화, 민족의 이동이 발생하곤 하였다.

고조선이 멸망하고 그 유민들이 이동하여 여러 부족 국가들이 생겼다. 부족 국가들은 또다시 헤쳐모여를 반복하며 고구려, 백제, 신라의 삼국을 이루었다. 삼국은 한강이라는 아주 살기 좋은 지역을 서로 차지하기 위하여 다툼을 빈번하게 했고 이 지역을 차지하는 나라는 최고의 전성기를 맞이하였다. 이후로 여러 나라가 바뀌면서 우리의 국경선도 조금씩 변화되어 갔으며 역사적으로 이동의 결과가 누적되어서 현재 대한민국의 영토가 되었다.

역사를 공부할 때 연도와 나라와 사람만 가지고 공부하면 이해를 완성하는데 시간이 좀 더 걸린다. 하지만 지도를 보면서 공간의 이동을 함께 알아가면 더 빨리 쉽게 이해가 된다.

학습지 교사를 하는 어느 선생님이 얼마 전에 한 이야기가 계속 마음에 남았다. 그 선생님은 요즘 아이들은 보고 듣는 것이 많아서 아주 똑똑한 아이들이 많다고 했다. 거기에 반해 보고 들은 지식과 정보를 연결하는 힘이 부족한 것 같다고 하였는데 그 예를 든 것이 우리나라 지방 도시에 대한 것이었다. 아이들은 우리나라 제2의 도시인 부산은 많이 알고 들어보았고 항구도시라는 것까지는 아는데 정작 부산이 우리나라 지도에서 어디쯤 위치하는지는 모르는 아이들이 생각보다 너무 많더라는 것이다. 지도에서 부산을 찾아본 후 왜 부산이 제2의 도시가 되었는지, 왜 더 큰 무역항이 될 수 있는지 등을 알아보면 더 이해가 쉬운데 그게 안 되고 있다는 말이었다.

우리에게는 사회과 부도라는 아주 좋은 교재가 있는데도 불구하고 학교에서는 진도를 나가기 바빠서 부교재로 활용을 잘 못 하고 있는 실정이다. 아이들이 집에서라도 보느냐 하면, 인터넷이나 스마트폰으로 지도로 쉽게 검색해서 볼 수 있기 때문에 굳이 책으로 된 부교재를 거의 펼쳐 보는 일이 없다. 부모님들도 사회과 부도가 있는지조차 생각해 내지 못하는 경우가 태반이다. 그러다 보니 사회과 부도는 학기 초에 받고 나면 교육 과정이 끝날 때까지 고이 모셔두는 신세가 되었다.

하지만 사회과 부도는 국가의 전문가들이 총동원되어 아주 잘 만들어진 지리참고서이다. 여기에는 사회지리 부도도 있지만 역사지리 부도도 같이 있다. 우리나라 역사의 변환기에 따른 영토의 변화가 지도로 만들어져 이해가 쉽게 잘 되어 있다. 아이들에게 책 안 읽는다고 하지 말고 같이 앉아서 지도를 보면서 이야기해보는 건 어떨까? 아이들은 의외로 지도를 좋아한다. 그림책 보는 것 같기도 하고 또 스토리텔링 하기에도 아주 좋은 것이 지도이다.

조금 더 익숙해지면 백지도를 준비해서 아이들에게 지도를 그려보라고 하자. 눈으로만 보는 것보다 손으로 직접 쓰면서 하는 공부가 머리에 더 많이 남는다는 것은 누구나 다 아는 공부법이다. 역사 공부도 손으로 할 수 있다.

백지도를 다운로드 받아서 고조선 시대의 영토를, 삼국시대의 영토를, 고려와 조선의 국경선을 직접 손으로 그려보는 것이다. 뭐든 직접 내 손으로 해 볼 때 무언가를 더 오래 기억하는 법이다. 손으로 직접 그려 본 나라의 지도는 절대 잊어버리지 않을 것이 틀림없다.

비단 우리나라 지도뿐만 아니다. 세계지도, 아시아 지도도 다운로드 받아서 고려 시대에 주변 국가들의 변화와 흐름도 지도를 그려보면서 공부할 수 있다. 지도 그리기는 시대별 국제 관계 변화를 이해하는 데도 큰 도움이 된다. 고려의 어느 시기에 거란이 융성했고 어느 시기에 송나라가 번창했는지는 직접 지도를 그려보면서 공간에 대한 이해와 함께 연대까지 한 번에 습득이 되는 두 배의 효과를 누릴 수 있다.

나는 역사 수업을 할 때 시간이 허락한다면 백지도 그리기를 가끔 하는 편이다. 짧은 시간에 지도 그리기를 하면 시간이 많이 들어서 자주 하지는 못한다. 그런데 빈 지도에 직접 선을 긋는 활동에 아이들 반응은 아주 긍정적이다. 물론 수업보다 그림 그리기가 재미있는 건 당연할 일이겠지만.

이제 집에서도 놀이 방법의 하나로서 백지도 위에 지도 그리기 해보면 어떨까. 소근육 발달, 역사에 대한 이해까지 일거양득의 방법이다.

백지도는 국토지리정보원(https://www.ngii.go.kr/child/main.do)에서 우리나라 지도와 세계 지도 모두 다운로드가 가능하다.

06

거꾸로 공부: 현대사부터

사람들은 문제집을 사면 새 마음 새 뜻으로 공부하려는 생각에 첫 단원 첫 장은 정말 공을 들여 열심히 공부한다. 그래서 예나 지금이나 수학에서 집합 부분은 까맣게 줄이 그어졌고 문제 풀이도 다 끝내곤 했다. 하지만 집합 뒷부분은 깨끗하게 구매 전 상태 그대로인 학생들이 많았다. 순서대로 앞에서부터 공부해야 한다는 강박이 은연중에 우리 머릿속에 입력되었기 때문이다.

순서대로 공부한다고 하면 역사는 70만 년 전 구석기가 첫 번째 단원이다. 구석기의 주먹 도끼를 지나 기원전 1만 년 전의 신석기의 빗살무늬토기를 배우고 기원전 2천 년 전에 있었던 청동기의 비파형 동검을 익힌다. 어느 역사 참고서이든 순서는 얼추 비슷하다. 두말할 것도 없이 역사의 시대순이 참고서들의 목차이기 때문이다.

순서대로 공부하기 위해서 아주 오래된 70만 년 전, 기원전 1만 년 전의 역사를 읽다 보면 이게 실감이 잘 안 난다. 어떤 때는 '이게 나하고 무슨 상관이지?'라는 생각도 들고, 지금 우리의 현실 세계에 어떤 영향을 미치고 있는지 의문이 들기도 한다. 구석기, 신석기 그리고 청동기는 너무 오래된 과거이다. 너무 까마득한 과거는 마치 영화관에서 SF 영화를 보는 것처럼 현실감이 없고 나와는 동떨어진 환상처럼 느껴지기 마련이다. 그렇다고 구석기, 신석기가 스타워즈나 어벤져스 같은 SF영화처럼 재미가 있는 것도 아니다. 한 줄 한 단어로만 되어있는 빈 공백을 상상력으로 메워야 하는 그 시대는 솔직히 재미는 없다. 그저 한두 문제 시험에 나올 수도 있으니 주먹 도끼나 빗살무늬토기 정도의 키워드나 외우는 정도이다.

약간은 지루하고 재미가 없을 수도 있는 역사 공부를 우선 흥미가 있게 유도하기 위해서 나는 순서를 거꾸로 하는 공부를 추천하고 싶다.

내 인생의 주인공은 '나'이다. 나에게 영향을 가장 많이 끼친 사건이 가장 많이 생각나고 기억이 잘 난다. 나는 현재에 살고 있는 사람이다. 그런즉 나에게 영향을 가장 많이 끼친 현대부터 거꾸로 공부를 해나가면 선사시대부터 공부하는 것보다 재미와 흥미를 더 가지기 쉽다. 현대의 사건은 여러 번 이슈가 된 적도 있을 것이어서 용어도 제법 익숙하다. 그래서 나는 역사를 공부할 때 현대부터 시작해서 거꾸로 근대, 일제 강점기, 조선 이런 순으로 공부를 했다. 나의 경우는 훨씬 효과가 있었다.

이 방법을 우리 아이들에게도 권유하고 시도를 해보았다. 그랬더니 큰아이도 둘째도 모두 자기들에게 더 유용한 방법인 것 같다고 하였다. 이후로 나는 역사를 가르치거나 주변의 학부모 혹은 지인들에게 거꾸로 역사 공부를 하라고 이야기해주곤 한다.

이 방법이 좋은 이유는 하나 더 있는데, 앞에서 이야기한 인과 관계를 따라가는 측면에서도 이해와 맥락을 잡기가 훨씬 유리하다는 것이다. 인과 관계를 정리할 때, 원인을 먼저 설명하고 결과를 말하는 미괄식 논리 전개는 많이 사용하는 방법이지만 너무 흔하고 반전이 없다. 사람들에게 뻔하다는 생각과 지루하다는 느낌을 주기 쉽다. 예를 들어, '고려 말 권문세족의 횡포가 심해서 백성들이 살기가 힘들어졌어. 그래서 이에 대한 반발로 신진사대부들이 새 나라를 세우기로 결심하고 조선이라는 새 나라를 세웠어.'라는 이야기 전개는 식상하다. 너무 많이 봐온 클리셰이기 때문이다.

역으로, '여러분 드디어 조선이라는 새로운 나라가 개국을 했습니다. 그러면 어쩌다 왜 고려는 망하고 조선이라는 새 나라가 나타나게 되었을까요?'라는 궁금증을 유발하고 답을 마지막에 배치하는 방식이 더 사람들의 흥미를 끌기 쉽고 관심을 끝까지 이어가게 할 수 있다. 그래서 추리 소설이나 현대의 인기 소설들은 이런 반전 기법을 많이 사용하고 있는 편이다.

역사 공부도 거꾸로 한번 해보자.

87년에 6월 항쟁이 일어났어. 왜 일어났을까?

그때는 국민들이 대통령을 직접 뽑지 못한 불만이 쌓였기 때문이야.

그럼 왜 국민들은 대통령을 직접 뽑지 못했을까?

당시 대통령은 군인 출신으로 막강한 군부 독재를 하면서 평생토록 대통령을 하려고 체육관에서 자기를 좋아하는 몇 명만 모아놓고 투표를 해서 그래.

왜 군인이 대통령이 됐어?

그 전 대통령이 부하에게 총을 맞고 죽었어. 대통령이 공석일 때는 나라에 계엄령이 내려지고 계엄령 때는 군인이 가장 힘을 가지기 쉬워. 그 틈을 노려서 어떤 사람이 쿠데타를 했어.

그렇다면 대통령은 왜 총을 맞아 죽었을까?

이렇게 거꾸로 역사 공부는 가장 최근 사실부터 흐름을 짚어 나가기에 한 번쯤 들어본 말일 가능성이 크다. 전혀 모르는 것보다 한 번이라도 들어본 단어가 있는 것이 흥미 유발 가능성도 크다. 궁금증과 호기심이 생기기에도 유리하다. 뿐만 아니라 문답식, 대화식으로 공부하기에도 더 쉽다. 모든 사건이 사슬처럼 하나씩 다 연결되어 어떤 사건에는 단 하나의 이유와 사건만 해당하는 게 아니라 많은 것들이 연결되어 있다는 것을 파악하기에도 용이하다. 그래서 나는 너무 먼 과거의 선사시대, 삼국 시대 보다 현대와 근대부터 시작하라고 얘기해주고 싶다.

현대가 너무 복잡하다면 콘텐츠로 많이 접해본 조선 시대부터 거꾸로 할 수도 있고 조선 시대부터 현대까지 순서에 따라 공부를 진행하는 것도 재미와 흥미를 지속하기에 좋은 방법이다.

무엇이든 알면 보이고 보이면 더 관심을 갖게 된다. 공부도 일단은 시작이 중요하다. 우리가 알고 있는 데부터, 그것이 현대든 조선 시대이든 그곳부터 기준점을 잡고 시작을 해보기를 제안한다.

영상 덕을 보는
역사 공부

역사를 가까이 접하는데 사극만큼 좋은 활용 교재는 없다고 생각하는데 요즘에는 사극이 많이 줄어서 매우 안타깝다. 그나마 방영하는 사극 콘텐츠는 퓨전 사극이 많고 정통 사극이 줄어 공부의 재료로 쓰기에는 부족해 보인다. 하지만 스토리가 탄탄하고 약간의 허구가 더해져 기-승-전-결이 있는 사극은 여전히 좋은 역사 교육 재료라고 생각한다.

(1) 영상 속 사실 활용법

몇 년 전에 '미스터 션샤인'이라는 드라마가 공전의 히트를 쳤다. 아주 인기리에 방영되어 어린 학생들도 많이 보았을 것이다. '미스터 션샤인'의 배경은 구한말 명성황후가 을미사변으로 죽고 고종이 러시아공사관으로 피신 갔다 오고(아관파천) 대한제국이 세워진 때이다. 드라마에 재미를 느끼면 외우지 않아도 어느 정도는 을미사변과 아관파천과 대한제국과 러일전쟁을 시대순으로 줄 세울 수 있게 된다.

좋은 역사 드라마라면 밤늦은 시간이라도 아이들과 같이 드라마를 보면 좋겠다. 미처 보지 못했다면 OTT 서비스를 이용해 다시보기를 하면 좋겠다. '미스터 션샤인' 드라마 내용 중에 일본이 러시아와 전쟁을 벌이는 이야기가 나오는데 드라마를 보면서 바로 인터넷을 찾아볼 수 있다.

"러일전쟁은 1904년에 일어났어. 한·일 강제 병합이 1910년이니까 당시 분위기가 저렇게 살벌했겠지."

하지만 이때 선생님처럼 설명하는 식으로 말하면 부작용이 날 수 있으므로 평소 말하는 것처럼 자연스럽게 말하는 게 좋다. 아이들은 엄마가 설명하는 논조인지 그냥 이야기하려는 건지 금방 알아챈다. 비록 엄마가 사실을 알고 있다 하더라도 "러일전쟁은 1904년에 일어난 사건이네. 엄마도 드라마 덕분에 하나 배웠다. ○○이가 엄마랑 이런 드라마 같이 봐주니까 엄마가 더 유식해지네."라고 엄마도 아이랑 같이 배워 나간다는 것을 느끼게 해주면 아이들은 엄마한테서 동질감을 느낄 수 있을 것이다. 영상 콘텐츠는 혼자 보지 말고 아이랑 같이 보면 교육적 효과를 보는 데 도움이 된다.

(2) 영상 속 허구 활용법

드라마나 영화가 모두 사실을 다루지는 않는다. 적절하게 허구가

섞여야 재미가 있다. 2020년 겨울 방영되었던 인기 드라마 '철인왕후'는 왜곡된 부분이 많아서 논란이 되었다. 물론 코미디 드라마여서 작은 논란 정도로 그쳤지만, 아이들에게는 오해의 여지가 있으므로 이런 류의 드라마를 같이 본다면 사실을 제대로 알려 주는 게 필요하다.

드라마 '철인왕후'에서 철인왕후는 현대에서 셰프였던 인물이 시간 여행을 하여 조선 시대 철인왕후로 바뀐 상황을 설정한 드라마였다. 그러다 보니 극 내용상 철인왕후가 수라간에서 대왕대비 마마를 위한 요리를 직접 하는 장면이 자주 나왔다. 이것은 전혀 사실에 맞지 않다. 엄연히 위계와 질서와 본분이 있던 조선 시대에 왕비가 직접 부엌에서 요리를 한다? 어림도 없다. 잠깐의 출입은 가능했을지도 모르나 직접 요리를 하는 것은 극적 과장을 위한 것이었다고 할 것이다.

드라마를 보면서 의문이 생기는 부분이 나오면 아이와 같이 관련 내용을 검색도 하고 두런두런 이야기하면서 시청을 한다면 역사가 재미있어질 뿐 아니라 가족의 행복도 함께 느낄 것이다.

드라마와 영화는 미시적인 사건으로 작품을 많이 만든다. 어떤 것에 대한 관심은 작은 것 하나에서부터 시작되는 경우가 많다. 재미있는 드라마나 영화에서 작은 것 하나라도 관심이 생긴다면, 그것부터 알아보는 것이 역사에 대한 관심의 시작이 될 것이다. 작은 관심이 꼬리에 꼬리를 물게 되면 더 커진 호기심으로 변화할 수 있다.

08

역사체험학습 기관
이용하기

이 책을 쓰게 쓴 계기는 별도의 사교육을 들이지 않고 집에서 엄마가 아이들에게 생활 속에서 역사를 이야기처럼 들려주고 시사를 통해 역사를 몸소 느끼게 하여 아이에게 세상과 사건을 보는 관점과 맥락을 읽는 힘을 키워 주자는 데 있었다. 사유의 능력과 사고의 힘은 하루아침에 되는 것이 아니기 때문에 아이에 대해 누구보다 많이 알고 있는 엄마가 어릴 때부터 생각 키우기를 함께 하자는 것이었다.

그런데 이게 말이 쉽지, 생활 속에서 실천하기가 여간 어려운 것이 아니다. 식구들 식사 준비, 청소, 정리정돈, 집안 대소사 혹은 경제 활동에 이르기까지 아직도 우리나라에서 엄마와 주부의 역할은 그 경계가 없으며 범위가 넓고 할 일이 많다. 이렇게나 바쁜데 아이들이 학령기에 들어서면 역사 공부에 독서 지도에 수능 필수 과목인 국·영·수까지 신경 써야 할 것은 더 늘어난다. 몸은 하나인데 어쩌란 말이냐!

다행스럽게도 우리나라에는 학교 수업 외에도 많은 사교육 프로그램이 있다. 가장 많이 선택하는 사교육은 성적을 향상시키는 국·영·수 과목이다. 하지만 성적이 중요시되는 몇 개 과목 외에도 한두 개 정도 사교육을 받게 하는 경우가 있는데 역사도 이에 해당한다. 역사 교육 기관은 미처 준비되지 않은 엄마를 대신하여 아이들의 관심을 유발하고 흥미를 지속시키기 위한 노하우를 아주 많이 보유하고 있다.

현재 우리나라의 공교육은 주입식의 수업보다는 선생님과 학생 간의 쌍방향 혹은 체험을 통한 자기 주도 학습이 교육 목표로 되어 있다. 이에 따라 자유 학기제, 창의 활동, 체험활동 등의 수업이 점차 늘어나고 있다. 이런 교육적 요구도 만족하고 공부도 할 수 있는 다양한 프로그램이 쏙쏙 생겨나고 있는데 역사는 여기에 가장 부합되는 과목이다. 그래서 많은 역사 교육 전문 기관들은 탐방, 체험, 놀이를 융합하여 역사에 대한 관심과 흥미를 느끼게 하고 지속적으로 역사를 스스로 공부하게 하는 프로그램을 운영하고 있다.

직접 박물관에 가서 유물을 보면서 옛이야기들을 전문 강사에게서 들어도 보고, 워크북이나 교재를 가지고 보고 들었던 이야기들을 복습하면서 퀴즈를 맞히기도 한다. 소그룹 프로그램, 1년짜리 프로그램, 시대별, 지역별, 학년별로 지루하지 않게 아주 다양한 방법을 고루 갖춘 다양한 역사 체험 프로그램들이 인터넷을 조금만 검색해보면 금방 찾아낼 수 있다. 양질의 프로그램을 보유한 많은 기관들이 있는데 그중 좋은 평판을 유지하고 비교적 오랜 역사를 지닌 몇 개의 회사를 아래에 추천하였다.

장기 프로그램이 부담스러우면 짧게 한두 번만으로 운영되는 프로그램도 있으니 먼저 아이들의 관심을 끌기 위해 단기 프로그램부터 경험하게 하는 것도 좋을 것이다. 몇 번 경험해본 아이들은 소풍을 나온 것처럼 즐거워하며 자꾸 가자고 졸라서 엄마의 가계부를 더 힘들게 할 수도 있다. 역사 체험활동을 잘만 활용하면 아이들이 역사에 대한 흥미를 계속 갖게 하고 스스로 해답을 찾을 수 있는 능력까지 갖게 될 수 있다.

탐탐 역사 (구.쏭내관의 재미있는 사교육현장) www.ssong500.com
여행이야기 www.travelstory.co.kr
한누리역사탐방 www.hannury.com

하지만, 명심할 것은, 귀찮다는 이유로 바쁘다는 핑계로 우리 아이가 역사에 대한 시각과 관점을 갖게 하는 것을 외부 기관에만 맡기면 안 된다는 것이다. 외부의 전문 기관은 바쁜 엄마와 함께하는 역사 공부가 부실해질 것을 대비한 보조 기관이며, 체험활동 기관과 수업 후에라도 꼭 그날 아이가 배운 것을 엄마와 같이 복기할 것을 권유한다. 사교육이나 외부 기관에 전적으로 맡기고 믿는 것은 '스카이 캐슬'에서 만으로도 충분하다.

배움과 학습은 일상에서 이루어져야 하며 부모는 배움과 학습의 첫 번째 선생님이다.

좋은 문화콘텐츠가 넘쳐난다.
무엇을 어떻게 볼까?

과거에는 정보를 쥔 사람이 곧 실세가 되었다. 그만큼 정보에 대한 접근이 쉽지 않았기 때문이다. 하지만 지금은 어떠한가? 넘쳐나는 것이 정보이다. 정보가 너무 넘쳐나서 무엇을 우선적으로 보아야 할지 고민하고 선택하는데 시간을 들이는 세상이 되었다. 그래서 정보 큐레이션을 해주는 직업이 생겼을 정도이다.

얼마 전까지 역사를 배우려면 책을 읽거나 좋은 강의를 듣는 것이 전부였었는데 이제는 넘쳐나는 역사 콘텐츠 중에 무엇을 어떻게 받아들여야 하는가를 고민하게 되었다.

학습만화는 여전히 초등학생들에게는 가장 좋은 교재 중 하나이다. 만화라서 일단 책과 친해질 수 있고 게다가 역사적 사실을 대사로 처리해 마치 연극을 보는 듯 내용도 재미있게 읽을 수 있다. 대표적으로 'WHY시리즈'는 스테디셀러가 되었다. 초등 저학년 역사에 재미를 가지고 입문하려는 시기에 좋은 교재가 아닐까 한다. 하지만 너무 학습만화만 보면 몇십 년 혹은 몇백 년에 이르는 역사의 큰 줄기를 잡는데 조금 한계가 있을 수 있기에 고학년으로 가면 다른 종류의 교재로 전환하길 권유한다. 그리고 실제로 초등 고학년이나 중학생이 되면 아이들부터 학습만화는 유치하다는 생각에 조금씩 멀리하기도 한다.

역사 관련 도서가 실은 역사를 오래 기억하고 내 것으로 만드는 가장 좋은 방법이긴 하지만, 국어를 위한 필독 도서를 읽을 시간도 부족한 아이들이다 보니 선뜻 제안하기가 어렵다. 역사책은 글자도 많고 재미도 없기 때문이다. 보다 쉽게 접근하기에 역사 소설도 있지만 근래에는 역사 소설도 인기가 시들해서인지 출판이 많이 되고 있지 않다. 오히려 웹소설 형태로 가상의 역사 가상의 인물을 그려 많이 나오고 있다.

몇 년 전 공전의 히트를 쳤던 "구르미 그린 달빛"이나 몇 해 전 대히트를 기록한 "옷소매 붉은 끝동"도 시작은 웹소설이었다. 엄마 입장에서 아이가 웹소설을 본다? 그러다 게임사이트나 다른 흥미 위주의 사이트로 빠질까 걱정이 앞선다. 하지만 흥미를 갖게 하고 관련 사실을 스스로 찾아보기에 역사 웹소설은 아주 좋은 매체. 재미있는 소설이 있다면 엄마가 아이와 같이 보고 이야기해도 좋을 것 같다. 글로 된 콘텐츠가 있다면 그것이 무엇이든 간에 일단 무조건 읽는 것이 좋다. 영상을 먼저 접하고 영상에 흥미를 먼저 보이는 요즘 아이들은 종류를 가리지 않고 글을 읽을 기회가 생긴다면 만화든, 웹툰이든 웹소설이든 반기며 좋아해야 할 일이라고 생각한다.

　요즘은 웹툰이 대세이다. 특히 10대 아이들은 웬만한 문화 콘텐츠를 웹툰으로 먼저 만나고 있다. 그러다 보니 인기 있는 웹툰이 드라마나 영화의 소재가 되어 판권이 팔려 역으로 어른들에게 다른 매체로 소개되고 있다. 넷플릭스 인기 시리즈였던 '스위트홈' '지옥'부터 공중파 드라마로 인기 있었던 '조선 로코 녹두전'을 비롯, 종합 편성 채널 드라마로 인기를 끌었던 '김비서는 왜 그럴까' '이태원클라쓰' 등이 다 웹툰 원작이다. 역사를 소재로 한 웹툰이 흔하지는 않지만 '조선 왕조 실톡'은 한때 꽤 인기를 끌면서 학생들도 많이 보는 웹툰이었다. 현재 네이버 웹툰 인기 순위에 있는 '전지적 독자 시점'에도 많은 우리나라 역사 인물이 등장하고 있는데, 역사 웹툰은 아니지만 웹툰의 등장인물인 역사 인물을 보면서 저 사람이 우리 역사에서 무슨 일을 했는가 알아보는 재미도 쏠쏠하다.

　역사 드라마는 끊임없이 나오는 콘텐츠이다. 하지만 보통 한 드라마당 작게는 16회 많게는 24회, 30회를 넘어가기에 매번 챙겨 보기가 쉽지 않다. 역사적 사실을 약간의 허구와 접목하여 상세히 알기에는 역사 드라마만 한 것이 없지만 작은 사실 하나를 알기 위해서 투입해야 하는 시간이 너무나 크다. 다른 공부에 시간을 많이 투입해야 한다면 부모 입장에서 선뜻 함께 보기가 꺼려진다. 그리고 긴 호흡의 드라마를 아이들이 선호하지 않는 경향도 있다. 개인적으로는 조금 아쉽다.

반면, 영화는 2시간 정도로 압축하여 영향력이 큰 이벤트나 사실을 극적으로 보여주고 있기에 영상 매체로써 가지는 임팩트는 가장 크다. 그래서 역사 전문 교육기관에서는 영화를 가지고 역사 강의나 수업을 하는 곳도 여러 곳이 있다. 내가 소속되어 일하고 있는 탐탐역사 (구.쏭내관의 사교육현장)에서는 사극 영화를 가지고 이미 수업 콘텐츠로 개발해 수업하고 있는데 현장의 반응이 꽤 좋다.

현대물이든 역사물이든 영화가 개봉되고 연령 제한에 걸리지 않는다면 영화를 엄마가 아이 손을 이끌고서라도 같이 관람할 것을 추천한다. 시청각으로 접한 역사적 사실을 아이들은 오래 기억하는 편이다.

뭐니 뭐니 해도 요즘 가장 인기 있는 플랫폼은 유튜브라고 말할 수 있겠다. 몇 년 전 네이버 검색이 인기 인터넷 사이트 1위였다면 요즘은 당연히 유튜브가 사람들이 가장 많이 방문하고 머무르는 인기 사이트가 되었다. 유튜브에는 드라마도 예능도 경제도 정치도 모든 것이 다 있다. 웬만한 지식도 요새는 다 유튜브에서 얻는다. 책 한 권의 지식 분량을 유튜브에서는 단 10분 만에 정리, 요약해서 짤막하고 보기 편하게 보여준다. 지식과 정보를 찾는 사람들은 점점 유튜브에 익숙해지고 있다.

역사 관련 콘텐츠 유튜버 역시 넘쳐나고 있다. 아이들은 책이나 학습 만화 혹은 드라마나 영화보다 유튜브로 역사 공부를 하고 있다. 아니 드라마도 영화도 유튜브로 요약한 소위 '짤'을 보고 있다. 그래서 역사 수업을 하면 옛날 학생들보다 요새 학생들은 역사 지식을 더 많이 알고 있다. 가르치는 선생님 입장에서는 수업에 활기를 띨 확률이 높으므로 반겨야 할 일이다. 하지만, 모든 것에는 장점과 단점이 함께 있는 법. 유튜브를 즐기는 아이들의 역사 지식은 유튜브 영상 길이만큼 단편적이고 짧다.

얼마 전에 같은 회사 소속 다른 강사에게서 들은 일화이다.

임진왜란과 이순신에 대하여 수업하는데 거북선 이야기가 나왔단다. 선생님이 거북선을 처음 만든 사람이 누구인가 하는 퀴즈를 냈는데 아이들이 나대용이라고 대답을 하더란다. 이순신이 처음 만들었을 거라는 단순한 대답을 기대했던 선생님은 기특하다며 나대용은 어느 시대에 살았냐고 물으니 아이들이 여기에 대해서는 전혀 모르더라는 것이다. 모를 수는 있는데 나대용이 고려인지 조선인지조차 모르고 있다는 것이다.

이 외에도 이와 유사한 많은 사례가 역사 강사들 사이에서 회자되고 있다. 주 내용은 요즘 아이들은 유튜브로 짧은 단편 지식을 많이 봐서 지식적으로는 아는 것이 많은데 이 지식이 어느 시대와 어느 사건과 어떻게 연결되어 있는지 모른다는 것이었다. 맥락이 없는 한 입 지식만 먹다 보니 이런 현상이 발생하는 것이다. 자꾸 이렇게 지식을 접하다 보면 임진왜란이 고려 시대에 일어난 일이라는 대답을 듣지 않을 거라는 보장이 없을지도 모른다.

유튜브를 보더라도 엄마와 같이 공부한 것을 보충하기 위한 것이면 좋겠다. 아이가 보는 유튜브 지식을 엄마와 함께 이야기하고 정리하는 시간이 있었으면 한다. 번거롭고 불편하지만 어쩌겠는가? 모두다 우리 아이를 위한 일이니 일정 부분 감내하는 수밖에. 엄마, 참 어렵다.

10

엄마가 들려주는
역사 이야기
실전 사례

지금까지 역사 공부를 왜 해야 하는지, 역사 공부에 도움이 되는 몇 가지 사항들을 이야기하였다. 그런데 이런 것들로 당장 우리 아이들에게 어떻게 역사를 이야기해주어야 하는 것인지 궁금증이 생긴다. 도대체 어떻게? 모든 엄마들이 역사 전공자도 아니고, 아니 역사 전공자라도 모든 시대를 다 알 수도 없고 아이들 수준에 맞는 이야기를 다 알기도 어렵다.

엄마도 공부가 필요하다. 사교육을 시키지 않고 엄마가 아이와 함께 대화하고 무엇을 깨우치려면 엄마도 같이 공부해야 한다. 나는 하지 않고 아이에게만 공부해라, 책 읽으라고 하는 건 결국 잔소리로 그칠 뿐이다. 아이는 금방 눈치를 챈다. 엄마도 같이 노력하는지 아니면 나만 시키고 있는 것인지.

아이들과 궁궐 나들이를 할 때 아이들과 드라마를 볼 때 아이들이 읽는 웹툰을 같이 볼 때 살짝만 관련 분야를 검색해서 아주 조금이라도 이야기를 해주자. 엄마들이 이렇게 하는 것은 모든 지식을 엄마가 알려주고 공부시키자는 것이 아니다. 엄마가 항상 너와 함께 있다, 엄마도 모르는 것은 이렇게 공부한다, 사람은 끊임없이 공부하고 노력하는 것이다, 너와 함께하니 정말 행복하다, 이런 것들을 아이들이 느끼게 된다면 그걸로 충분하다. 더 깊이 알고 싶어 하는 것들은 다른 전문기관의 도움을 받던지 스스로 책을 찾아보게 되어 있다. 우리는 밑밥을 깔아주고 분위기를 조성하는 것, 그것으로 충분하다.

여기서는 궁궐 나들이, 드라마, 웹툰, TV 뉴스를 보면서 해줄 수 있는 이야기를 간단한 사례로 언급해보았다. 언제 어디서든 사전 정보를 미리 검색해두고 아이와 같이 콘텐츠를 시청하면서 이야기할 수 있을 것이다.

궁궐 나들이:
경복궁 자경전과 고종이 임금 된 이야기

　옛날 옛적에 지금으로부터 150년 전쯤 옛날에 12살 명복이라는 아이가 살았단다. 명복이 아버지는 이하응이라는 사람이었는데, 이하응은 집 안에서와 집 밖에서 분위기가 많이 달라서 명복이는 어느 게 진짜 아버지 모습인지 조금 헷갈렸단다. 집 안에서 명복이 아버지는 무게 있고 위엄 있고 아주 엄한 아버지였는데 집 밖에만 가면 늘 술을 마시고 귀가하곤 했어. 그리고 당시에 나라에서 제일 힘이 셌던 안동 김씨 양반들 앞에서 명복이 아버지는 죄인처럼 고개를 숙이고 허리를 굽히면서 웃음을 흘리고 다녔지. 아버지가 왜 그러시는지 어린 명복이는 아버지 속을 알 수가 없었어.

　그러던 어느 날 아버지가 궁궐을 다녀오시는 일이 잦아졌어. 아버지가 궁궐을 다녀오시는 이유가 궁금했던 명복이는 어머니와 7살 많은 형님에게 물어보았어. 어머니와 형님이 말씀하시길, 구중궁궐에 사시는 임금님이 몸이 많이 아파서 아버지가 임금님께 문안도 하고 대왕대비 마마를 위로도 하기 위해서 궁궐에 가셨대. 명복이네 집은 임금님과 친척 사이였거든. 왕족이었다는 거지. 명복이는 친척 아저씨인 임금님이 훌훌 털고 일어나시기를 기도했단다. 그럼에도 불구하고 어느 겨울날, 임금님이 그만 돌아가시고 말았어. 아침부터 집안이 부산스러웠어. 아버지는 일찍부터 궁궐에 가셨고 명복이와 형도 상복으로 갈아입고 임금님의 죽음을 슬퍼하고 있었어.

그런데 갑자기 궁궐에서 한 무리의 사람들이 명복이 집으로 찾아왔어. 높은 벼슬아치인 영의정 할아버지와 도승지 어르신도 있었어. 그분들은 명복이에게 조심스럽게 오더니 어서 궁궐로 들어가자고 말했어. 명복이는 너무나 놀랐고 당황했지만, 영의정 할아버지와 도승지 어르신을 따라 궁궐도 갔지. 궁궐로 가는 도중에도 명복이는 '왜 형은 가지 않고 나만 궁궐로 갈까?' 하고 궁금했지.

명복이의 궁금증은 곧 풀렸어. 궁궐에 사시는 가장 높으신 어른인 대왕대비 마마가 명복이에게 임금님 빈전을 지키라고 명하셨어. 그리고 그 옆에 계시던 명복이 아버지 이하응이 명복이에게 말해주었단다. 너는 이제 임금이 될 거라고.

그로부터 일주일 뒤에 명복이는 조선의 제26대 임금이 되었단다.

명복이는 나이가 겨우 12살이었기 때문에 누군가 수렴청정을 해야 했어. 명복이 아버지 이하응은 왕실의 친척이긴 했어도 궁궐에 살고 있던 직계 왕족이 아니었기 때문에 수렴청정을 할 수 없었어. 그래서 왕실의 최고 어른이었던 대왕대비 마마가 명복이 15살이 될 때까지 3년 동안 수렴청정을 했단다. 대왕대비 마마는 나중에 신정왕후라고 칭호가 붙여졌어. 대왕대비 마마는 임진왜란 때 없어졌던 조선의 법궁인 경복궁을 다시 짓고 싶어 했어. 이건 명복이의 아버지 이하응도 같은 생각이었어. 대왕대비 마마는 이하응에게 흥선대원군이라는 직함을 내려주고 경복궁을 다시 짓는데 총책임을 맡겼어.

명복이가 임금이 되고 난 4년 뒤에 마침내 경복궁이 완성되었어. 조선의 첫 번째 임금인 태조 이성계가 지었던 것보다 더 크고 더 웅장하게 지었단다. 경복궁을 지을 때 흥선대원군은 '자경전'이라는 전각을 따로 심혈을 기울여 지었어. 왜냐고? 흥선대원군의 아들인 명복이를 임금으로 만들어 주어서 너무 고마웠거든. 그래서 흥선군은 대왕대비 마마에게 감사의 표시와 은혜의 보답으로 큰 건물을 지어 드리고 그 굴뚝과 담에 이쁜 꽃과 나무와 구름과 새도 새겨 넣었어. 지금도 자경전은 경복궁에서 가장 아름다운 건물의 하나로 꼽히고 있단다.

궁궐을 아이와 함께 방문한다면 위와 같은 이야기 하나 정도 미리 알아두고 해당 전각에서 옛날이야기처럼 해주면 궁궐의 전각은 그냥 건물이 아니라 역사 이야기와 엄마와의 추억이 함께 서린 의미 있는 장소가 될 것이다.

02

드라마 '옷소매 붉은 끝동': 정조 임금의 사랑 이야기

정조대왕 이산은 부인이 네 명이 있었어.

첫 번째 부인은 중전마마인데 김씨 성을 가졌대. 중전마마는 마음씨가 아주 고운 사람이었어. 효심이 지극하여 시어머니 혜경궁 홍씨를 지극정성을 다해 모셔서 혜경궁 홍씨도 늘 칭찬하곤 했지. 시누이인 화완옹주는 오빠인 정조를 싫어했는데 올케인 중전마마도 싫어했대. 그래서 많이 괴롭혔지. 하지만 중전마마는 화완옹주에게 예의를 갖추고 사적인 감정에 치우치지 않았어. 중전마마는 주위와 궁궐 내부에서도 인심을 많이 얻었고 시할아버지 영조도 손주며느리를 어여삐 여겼단다. 그런데 남편 이산과의 사이에 아이가 없어 늘 걱정이었어. 아이를 갖고 싶어서 스트레스를 받은 나머지 상상임신을 하기도 했단다. 좀 가엾지?

두 번째 부인은(첫째 후궁) 원빈 홍씨라는 사람이야. 원빈 홍씨는 홍국영의 누이야. 중전이 아이가 없자 대비의 권유로 후궁을 들였는데 당시 제2인자였던 홍국영은 자신의 누이를 후궁으로 밀어 넣었대. 하지만 원빈 홍씨는 후궁이 된 지 일 년 만에 병으로 죽고 말았어.

세 번째 부인(둘째 후궁)은 화빈 윤씨야. 원빈 홍씨가 일찍 죽자 자손을 위해 또 후궁을 들였어. 하지만 화빈 윤씨는 투기가 아주 심한 여자였어. 심한 투기로 중전과 다른 후궁을 모함했는데 그것이 발각돼서 제주도로 유배를 갔대.

네 번째 부인은(셋째 후궁) 의빈 성씨야. 정조와 의빈 성씨의 지고지순한 사랑 이야기가 아름다워서 드라마 소재로 많이 사용되었어. 평소 여자를 가까이하지 않았던 정조가 유일하게 스스로 승은을 내린 궁녀이고 또 후궁으로 삼은 여자야. 궁녀로 궁궐에 입궐한 의빈은 성품이 인자한 중전마마와도 사이가 아주 좋았어. 그래서 정조가 의빈 성씨에게 승은을 내리려 했을 때 의빈은 무릎을 꿇고 슬피 울며 "저하, 세손빈 마마가 아직 어리시고 태기가 없으시니 소녀에게 승은을 내리신다는 하명을 거두어 주시옵소서!"라며 감히 세손의 명령을 거절하기도 했대.

몇 년 뒤 정조가 임금이 된 후 정조는 의빈에게 다시 한번 승은을 내리고자 했어. 이때도 의빈은 거절하려고 했는데 정조가 화가 나 하인을 꾸짖고 벌을 주니까 그제야 의빈이 마지못해 승은을 입고 아들을 낳았어. 정조와 의빈은 정말 사랑했어. 같이 사는 8년 동안 임신을 5번이나 했다네. 의빈은 아들을 잃고 중병이 생겨 그만 일찍 죽고 말았어. 정조 임금님은 너무 슬퍼했단다. 더 슬픈 건 의빈이 낳은 아들

문효세자마저 병이 나서 5살에 그만 죽어버린 거야. 너무 슬퍼.

다섯 번째 부인은(넷째 후궁)은 수빈 박씨야. 왕실에 후손이 없으면 큰일이거든. 그래서 정조는 다시 후궁을 간택했어. 그분이 수빈 박씨야. 수빈 박씨도 참한 여인이었어. 평소 예절도 바르고 사치를 멀리했으며 성품 또한 온화하여 어진 사람이었다고 해. 수빈은 나중에 정조가 죽고 아들 순조가 임금이 되자 시어머니 혜경궁 홍씨와 대비가 된 중전을 극진히 끝까지 잘 모셨대. 의빈이 죽고 정조는 수빈에게 사랑을 주었어. 수빈은 아들을 낳았는데 그가 바로 순조 임금이야. 순조는 창경궁에서 태어났다고 하던데 정조와 수빈 박씨도 창경궁에서 생활했다고 해. 우리 나중에 창경궁도 가보고 순조가 태어났다는 곳에도 꼭 가보자.

2021년에 MBC에서 방영한 드라마 '옷소매 붉은 끝동'은 17부작 드라마였다.

이미 끝난 드라마이지만 역사 드라마는 앞으로도 계속 나올 터이니 역사에서 소재나 사례를 발굴하여 방영하는 드라마가 있다면 자녀와 함께 보면서 관련된 이야기를 해보자. 사실과 견주면서 드라마를 보면 사실도 알게 되며, 자녀와 시간도 같이 보내고 공통의 대화 주제를 가질 수 있으니 일석삼조라고 하겠다.

웹툰 '전지적 독자 시점':
수많은 역사 인물의 등장

문피아에서 웹소설로 시작하여 인기를 끈 후 네이버 시리즈에서 소설로 다시 발간되었고 네이버 웹툰에서 웹툰으로 각색 연재하고 있는 인기 콘텐츠가 있다. 이름하여 전지적 독자 시점. 판타지를 소재로 한 작품인데 여기서 말하는 판타지는 트와일라잇 류의 로맨스를 가미한 판타지가 아니라 가상의 세계에서 캐릭터와 인물들이 전쟁을 벌이며 힘을 쌓아가는 약간의 SF 전쟁 판타지 작품이다. 이 작품은 어린 초등학생들에게는 좀 덜한 편이지만 10대 중후반의 아이들과 2~30대 성인들에게도 인기가 있다.

나도 이 작품을 접하게 된 건 둘째가 막 대학생이 되었을 무렵이었다. 재미있는 웹툰을 추천해 달랬더니 요새 핫한 웹툰이라며 소개해 주었다. 첫 화부터 순식간에 독자들을 작품에서 눈을 뗄 수 없게 만들었는데, 작품이 회를 거듭하다 보니 역사와 아주 밀접한 연관이 있는 작품이라는 것을 알았다. 작품에 등장하는 속칭 '성좌'들은 한국

역사의 위인들이 제법 많다. 만약 우리 아이가 여가 시간에 웹툰을 보고 있다면 엄마가 먼저 전독시(전지적 독자 시점을 줄여 이렇게 부른다)를 같이 보자고 말해 보자. 아이들은 놀라면서 엄마와 친밀감을 느끼게 될 것이다. 유행하는 웹툰을 엄마도 알고 있고 엄마가 먼저 보자고 한다니, 하면서 말이다. 아이가 이미 이 웹툰을 알고 보고 있다면 재미있게 보았던 부분에 대해 이야기를 시도하면서 아이와 대화의 물꼬를 트는 것도 좋을 것이다.

전독시는 아이와 대화를 시작하기에도 대화 중에 역사를 이야기하기도 아주 좋은 콘텐츠이다. 다만 좀 길다는 것이 약간의 단점이다.

전독시 웹툰 25화부터 역사 인물이 처음 등장한다. 주인공 김독자가 영웅의 힘을 받기 위해서 찾아간 동대입구역 장충단 공원에 서 있던 유정스님 사명대사 동상. 역사 위인의 첫 등장이다. 이렇게 웹툰에 역사 인물이 나오면 후루룩 읽고 넘어가지 말고 웹툰을 읽는 중이라도 혹은 이후에라도 같이 인물을 검색해보던지 검색해서 알려주면, 적어도 이 인물과 당시 시대에 대하여서는 기억을 더 많이 더 오래 할 것이 분명하다.

조선 시대에 유명한 고승이 있었는데 스님의 이름은 유정 스님이었어. 이분의 호가 사명당이었는데 그래서 우리는 이분을 사명대사라고도 부른단다. 사명대사는 조선 시대 사람인데 직지사라는 절의 주지까지 하신 분이야. 그런데 이분이 임진왜란이 터지니까 아무리스님이라도 나라가 왜놈에게 짓밟히는데 그냥 있을 수 없다며 의병으로 나서신 거야. 사명대사는 승병 이 천 명을 이끌고 평양성을 빼앗는 전투에 참가했는데 명나라 군과 함께 왜군에 맞서 싸워서 평양성을 되찾는데 아주 큰 공을 세웠어. 선조 임금은 너무 고마워서 아주 큰 상을 내리기도 했지. 선조는 사명대사에게 또 다른 임무를 주었는데 바로 임진왜란을 끝내기 위해 일본과 강화 조약을 맺는 사신으로 가라는 것이었어. 사명대사는 일본으로 건너갔어. 일본에서 8개월을 머물면서 일본의 높은 벼슬에 있는 사람을 만나 설득하고 회유하여서 마침내 강화를 맺는 외교 성과를 거두었어. 그것만 있었겠니? 일본에 포로로 잡혀갔던 우리 조선 백성들 삼천오백 명 정도를 데리고 돌아온 거야. 일본에 잡혀간 포로를 데리고 온다는 건 실로 사명대사가 홀로 진행한 대단한 업적이란다.

25화에 첫 역사 인물이 등장한 이후로 웹툰은 몇 명의 인물이 더 등장한다. 사명대사처럼 동상만 보여주고 끝나는 경우도 있지만 40화에 나온 이억기 장군 같은 경우 작가가 역사적 사실을 작품에 쓰기도 한다. 이억기가 누구인가? 역사에 심취한 사람이라도 잘 모르는 작은 인물이다. 하지만 작품은 작은 인물도 발굴, 캐릭터에 서사를 부여한다. 다음은 작가가 이억기 장군에 대하여 웹툰 속에 지문 처리한 내용이다.

이지혜는 충무공의 전우였던 전라 우수사 이억기의 후손이다. 의민공 이억기. 충무공과 함께 당항포, 한산도 대첩을 승리로 이끌었으며 충무공이 억울한 죄목으로 조정에 잡혀갔을 때 이순신을 변호해준 몇 안 되는 전우. 그러나 충분한 설화가 남지 않았기에 위인급 성좌는 되지 못한 인물.

웹툰에 이억기 장군처럼 언급된 부분이 있다면 그것만 읽어도 충분한 가치가 있으며, 없다면 위의 사명대사처럼 약간의 검색으로 이야기를 만들어 아이와 지식과 대화를 나눌 수 있다.

이렇게 역사와 가까워지는 방법은 생각보다 다양하고 무궁하다. 주변에 이미 있는 것들을 잘 활용하기만 해도 큰 도움이 된다.

04

뉴스 '홍범도 장군 유해 귀환': 독립운동과 독립 운동가

2021년 광복절 MBC 저녁 뉴스는 다음과 같은 멘트로 시작되었다.

"이번 광복절은 다른 해보다 더 특별한 날입니다. 바로 봉오동 청산리 대첩의 영웅 홍범도 장군이 서거한 지 78년 만에 조국으로 돌아오는데요. 카자흐스탄에서 홍범도 장군의 유해를 모신 우리 공군특별 수송기가 잠시 뒤 우리나라에 도착합니다. 배주원 기자의 보도입니다."

이제는 아이들도 다 커서 저녁 시간이 되어도 한자리에 모이기가 쉽지 않다. 이날 뉴스는 집에서 남편과 함께 시청하였다. 뉴스를 들으니 역사책에서 이름을 들어 본 홍범도 장군에 대하여 더 궁금해졌다. 홍범도 장군 유해가 귀환한다고 하니 방송이나 유튜브 이곳저곳에서 관련 자료들이 많이 제작, 배포되고 있기에 자료 찾기는 수월하였다. 확실히 예전보다 자료나 정보를 찾기가 한결 쉽다. 의지만 있으면 공부하는 환경은 더 좋아졌다는 건데, 현실은 오히려 맘만 먹으면 금방 찾고 알아볼 수 있으니 그 마음이 더 먹기 어려워지고 있다.

포털에서 홍범도 이름 석 자를 검색하니 여러 백과사전 사이트에서 방대한 양의 자료가 검색된다. 모두 다 읽는데 시간이 꽤나 걸렸다. 한 번에 이해하기에 용어나 서술이 쉬운 편이 아니었다. 어른도 이럴진대 홍범도 장군 유해 귀환이라는 뉴스를 보고 아이들이 포털의 글을 찾아볼 것 같지는 않다. 이럴 경우 엄마들이 전문을 읽어보고 요약, 정리하여 아이들에게 쉬운 구어체로 이야기해준다면 아이들은 금방 알아듣는다.

유튜브에서도 검색을 해보았다. 상당한 분량의 콘텐츠들이 나열되었다. 2~3분짜리 뉴스 영상에서부터 장군의 생애를 심층 있게 조명한 역사학자나 역사 강사들의 영상도 있었다. 우선 가장 짧아 보이는 KBS 뉴스 영상을 클릭했다. 영상의 썸네일에서 제목은 "홍범도 장군은 누구? 생애 총정리"였다.

"2미터 큰 키와 팔자수염 허리춤엔 총을 찬 대한독립군 총사령관. 1868년 평양에서 농부의 아들로 태어난 장군은 1907년 포수들을 규합해 의병을 조직했습니다. 만주와 연해주 일대에서 독립군을 양성했고 1920년엔 봉오동 골짜기에서 수적 열세에도 매복 작전을 통해 일본군 사상자 350여 명이라는 혁혁한 전과를 올렸습니다. 전문적인 군사교육을 받지 않았는데도 전혀 새로운 전략으로 일본군에 큰 승리를 거둘 수 있었습니다. 장군의 부인은 일제의 고문으로 생을 마쳤고 큰아들은 전사 둘째 아들도 병으로 먼저 세상을 떠났습니다. 이후 장군은 연해주 집단 농장에서 일하다 1937년 스탈린 강제 이주 정책으로 카자흐스탄까지 가야 했습니다. 고려극장 수위로 말년을 보내고 1943년 서거했습니다. 하늘을 나는 호랑이로 불리며 일본군을 벌벌 떨게 했고 고려인들의 정신적 지주였던 홍범도 장군. 순국 78년 만에 조국의 품으로 돌아왔습니다."

스크롤을 한참 내려야 다 읽을 수 있던 포털 백과사전의 수많은 정보를 뉴스에서는 단 2분 만에 이렇게 간단히 요약을 해주었다. 홍범도 장군과 독립운동에 대하여 세세하게 알고 싶고 아이들에게 이야기해주고 싶다면 방대한 백과사전의 내용을 다 읽고 분석하고 공부해야 하겠지만, 홍범도 장군의 유해 귀환이라는 계기를 통해서 아이들에게 독립운동과 홍범도라는 인물에 대한 호기심과 관심만 유발해도 충분하다. 이것을 방금 본 KBS 뉴스 영상에 있는 정보만으로도 그 역할을 다할 수 있다고 생각한다.

아이들과 해당 뉴스 영상을 같이 봐도 좋고 아이들이 이 영상조차 딱딱해서 어려워한다면 엄마가 보고 좀 더 아이에게 적합한 말투와 용어로 다시 이야기해주면 더 좋다. 예를 들면 이런 식이다.

"이번에 유해가 돌아온 홍범도 장군은 키가 2미터가 넘었대. 유해가 뭐냐 하면, 돌아가신 분의 시체를 화장하고 남은 뼈를 말하는 거야. 먼 타국에 있던 장군의 유해를 이번 광복절을 계기로 고국에 모신 거거든. 원래 장군님 고향은 북한에 있는 평양이야. 일본 강점기에 일본에 저항하려고 포수들 몇 명을 모아 의병을 만들었고 만주하고 연해주에서 그분들과 함께 의병 활동을 하셨어. 봉오동 전투랑 청산리 대첩이라는 아주 큰 승리를 거둔 독립운동이 있었는데, 두 개 다 홍범도 장군이 참여하고 지휘도 하셨어. 이 두 전투에서 크게 진 일본이 독립군 탄압을 아주 심하게 해서 장군은 연해주로 옮겨야 했고 다시 카자흐스탄이라는 나라에 강제로 이사를 해야 했어. 카자흐스탄에서 극장 수위를 하며 사시다가 광복도 못 보고 그만 병환으로 돌아가시고 말았어. 홍범도 장군의 소원이 죽어서라도 조국에 돌아오는 거였는데 이번에 유해라도 모시고 오게 된 거야. 남북이 통일되었더라면 고향인 평양으로 갔을 텐데 그건 많이 아쉽다. 그지?"

엄마가 모든 역사를 다 알 필요는 없다. 다 알 수도 없고 말이다. 중요한 것은 각종 매체를 통해서 알 수 있는 역사적 사실을 아이의 눈높이에 맞게 쉬운 단어와 말투로 정리해서 이야기해주는 것이다. 엄마의 이야기를 들으면서 모르는 단어는 다시 물어볼 수도 있다. 이런 방법은 동화책 한 권을 읽는 것과 같은 효과를 낸다고 확신한다. 책을 꾸역꾸역 읽히는 것 보다 때로는 엄마가 재미있는 역사 동화를 들려주면 효과는 배가 될 것이다.

공부, 아이
그리고 엄마

01

아이의 공부는
엄마를 위한 것이 아니다

큰아이가 서울대에 합격했다는 소식에 정말 많은 축하 인사를 받았다. 심지어 어떤 지인은 대놓고 부러움을 표하기도 해서 리액션을 어떻게 해야 할지 난감한 적도 있었다.

당시 내가 받은 축하 인사들은 대부분 '축하한다' '좋겠다' '내 주변에도 서울대 보낸 집이 있다니 신기하다' 등이었다. 쏟아지는 축하의 말에 보답하기 위하여 그해 겨울 나는 밥을 무지 많이 샀다. 아들이 서울대 가는 것과 아무런 상관이 없는 사람들이 소식을 듣고 '와, 축하한다. 한턱내라'는 말을 하면 나는 '어, 한턱내야지'라고 화답하며 식사 날을 잡았다. 신기한 건, 누구에게 밥을 사든 적지 않은 돈을 쓰는 건데도 그때는 돈이 아깝다는 생각이 들지 않았다.

주변 사람들이 너도나도 엄마가 뒷바라지를 잘 해줘서 아들이 서울대를 갔을 거라는 듣기 좋은 치하의 말을 하면 나는 겸연쩍어서 별로 해준 게 없다고 대답해도, 그들은 '그럴 리가 있나. 네가 겸손하게 아니라고 하는 거지, 분명 뭔가를 했을 거야, 그러지 않고는 애가 서울대 가기가 쉽나?'라며 나를 비행기에 태우다 못해 로켓에 실어 화성에 까지 보내고 있었다.

그때 나는 정말 내가 뭔가 큰일을 했다고 생각할 지경이었고 내 자부심은 두둥실 하늘 위를 계속 떠다녔다. 서울대 간 아들 덕에 내가 내 일로 이룬 그 어떤 때보다 더한 인사치레, 축하의 말, 덕담을 다음 해 입시 철이 돌아올 때까지 거의 일 년 동안 내내 들었다. 만약 둘째 아이까지 사람들이 알아주는 유명한 대학을 간다면 나는 엄마 노릇을 썩 잘하는 좋은 엄마(?)으로 이름을 드날릴 수 있겠다는 생각이 들었다.

"그래, 바로 이 맛이야. 이 맛에 애들을 공부시키는 거지!" 그때 나는 이런 쓸데없는 생각을 했던 적도 있었던 속물적인 엄마이기도 했다.

최근에 일로 알게 된 김모 씨가 있다. 김 모 씨는 서울 유수의 대학을 나오고 대기업에 입사하여 한때 꽤 잘 나가던 직장인이었다. 나이 50을 넘기자 대한민국 여느 직장인들이 한 번씩 겪듯이 김 모 씨도 명예퇴직을 하고 지금은 프리랜서로 일을 하고 있는 분이었다.

김 모 씨에게는 아들이 두 명 있다. 가끔 교육이나 자녀 이야기를 할 때 김 모 씨는 큰아들 이야기를 주로 했다. 김 모 씨의 큰 아들은 서강대를 다닌다고 하였다. 큰 놈은 취미가 기타 치는 거다, 큰 놈이 연애할 생각이 없다, 저러다 취업 생각도 안 할까 걱정이다, 등등

의 이야기가 커피 타임 이야깃거리였다. 나는 둘째는 어떠냐고 물어
보았다. 김 모 씨는 가타부타 말이 없었다. "뭡니까? 둘째하고는 대
화를 잘 안 하나 봐요?"라고 되물으니 하는 말, "걔는 대학도 좋은 데
못 가고 뭐 그래요. 걱정이야." 좋은 대학을 가면 떳떳한 아들이고 안
좋은 대학에 가면 부끄러운 아들인가? 김 모 씨의 반응을 보고 든 생
각이었다.

세상 모든 엄마들은 우리 아이가 공부를 잘하는 아이이기를 절실
히 원한다. 학벌에 대한 편견이 심한 우리나라에서는 특히 더할 것이
라고 생각한다. 엄마들이 아이가 공부를 잘하기를 바라는 이유는 개
개인마다 집집마다 다양한 이유가 있겠지만, 제일 큰 것은 아마도 우
리 아이가 사회에 나갔을 때 돈을 잘 버는 직업을 갖고 돈 걱정 없이
편한 삶을 살았으면 하는 마음이 가장 클 것이다.

그래서 엄마들은 아이들에게 끝없이 공부해라 잔소리를 하고 다
너 잘 되라고 하는 소리지 나 잘되려고 하는 말이냐고, 자녀들이 엄
마의 끊임없는 잔소리에 말대꾸를 할 때 이렇게 되받아친다.

그런데 진심으로 가슴에 손을 얹고 깊이 생각해 보자. 아이들이 공
부를 잘했으면 하는 생각이, 아이들이 공부를 잘하기 위해서 엄마들
이 보태는 노력들이 정말 오롯이 아이들만을 위한 것일까?

아들이 서울대를 가서 참 좋았다. 서울대를 입학하면 졸업 후 취업
에 조금이라도 도움이 될 것 같고 아이가 원하는 일을 하는데 도움이
될 것 같아서 좋았다. 하지만 내 맘속 더 깊은 곳을 들여다보면, 아들

이 서울대를 감으로써 내가 주변으로부터 받는 칭찬이, 인사가, 축하가 나를 으쓱하게 하고 우쭐대게 만든 것이 내가 기분이 아주 좋았던 이유 중 하나이기도 했다.

김 모 씨는 둘째 아이가 세상에서 말하는 좋지 않은 대학에 가서 자신이 자랑할 거리가 없었기에 기분이 좋지 않았을 수도 있다.

엄마들이 자녀들이 공부를 잘하게끔 도와주는 행동들-좋은 학원을 알아본다, 좋은 학군에 이사를 간다, 입시 정보를 공부한다-은 나도 모르는 사이 엄마인 '내'가 좋으려고 내 인생을 보상받으려고 은연중에 하는 행동일 수도 있으며 오로지 자녀를 위한다는 건 가슴 깊이 숨겨 둔 내 마음을 숨기기 위한 자기기만일 수도 있다.

아이들이 공부를 하는 건 다른 누구도 아닌 아이들 스스로의 인생을 도모하기 위해서여야 한다. 아이들이 사회에 나아가 제 몫을 제대로 해내는 어른이 되려면 짧게는 10년 길게는 20년이라는 세월이 지나 봐야 한다. 10년 뒤에 혹은 20년 뒤에 서울대를 갔던 나의 아들이 취업 전선에서 빌빌거릴 수도 있고 안 좋은 대학에 갔던 김 모 씨의 둘째 아들이 열심히 생활하여 형보다 더 넉넉한 삶을 살 수도 있다. 야구도 끝날 때까지 끝난 게 아닌 것처럼 인생도 끝날 때까지는 끝난 게 아닌 거다.

부모는 우리 아이들이 인생을 끝까지 버텨볼 힘을 가질 수 있게 믿음을 주고, 자신의 생각을 갖고 그 생각의 근거를 자신의 언어로 말할 수 있는 내공을 가지도록 자녀에게 질문을 하는 사람이라고 생각한다. 우리 아이의 공부는 엄마를 위한 것이 아닌 자신의 미래를 꿈꾸기 위한 도구여야 한다.

아이에게 '공부해라'라고 잔소리할 때 스스로에게 물어보자. 혹시 나를 위한 다그침 인지, 진정 아이의 미래와 꿈을 위한 일갈인지. 엄마는 엄마의 꿈을 위한 공부를 하자. 그런 엄마를 보고 아이도 자신의 꿈과 미래를 구체적으로 그리게 될지도 모르니까.

02

자녀, 그들의 문화,
함께 즐기면 어때요?

딸아이가 중학교 1학년 때였다. 사춘기가 시작되었다. 초등학교 때의 그 귀엽고 애교 많은 둘째 딸이 매사 시큰둥하고 도통 말을 하지 않아 그 속을 알 수 없는 아이로 변해갔다. 그때 딸아이는 아이돌 그룹 엑소와 사랑에 빠져 있었다. 엄마와의 대화보다는 자기 방안에서 엑소의 영상을 보면서 짝사랑의 마음을 달래고 있었다. 나는 대화가 줄어가는 모녀 사이가 불안하고 답답하였다.

어느 수요일 밤 드라마를 보고 있었다. 제목은 <괜찮아, 사랑이야>. 조인성과 공효진이 주연으로 나오던 마음의 병과 치유에 대한 드라마였다. 그 드라마에서 조인성의 환시로 나오던 소년이 있었다. 맑고 순수하게 생긴 처음 보는 배우였는데 연기를 너무 잘하는 것이었다.

"쟤, 참 연기 잘한다. 신인 배우인가?" 혼자 중얼거린 말을 딸아이가 낚아채며 화를 냈다.

"엄마, 내가 몇 번이나 말했잖아. 엑소 디오라고. 본명은 도경수. 디오 나오는 드라마 한다고 했는데 내 말 진심으로 안 들었구나!"

딸이 진심으로 섭섭한 듯 나에게 역정을 냈을 때 나는 '아차' 싶었다. 말로는 자녀와의 소통이 중요하다, 나는 대화할 준비가 되어 있는데 아이가 벽을 친다고 했지만 정작 귀를 닫고 있는 건 나였을지도 모른다는 생각이 드라마 속 도경수의 연기를 보면서 문득 들었다.

이즈음부터 나는 아이돌 공부를 하기 시작했다. 우선 딸아이가 좋아하는 엑소, 블락비, 방탄소년단부터 자료를 찾아보기 시작했다. 영상이나 성장 스토리를 보다가 모르는 것이나 특별히 감동받은 부분이 있으면 내가 먼저 딸의 방문을 두드렸다.

"너, 이거 봤어? 어쩜 정말 감동이야."

방문을 닫았던 딸은 자신이 좋아하는 것을 찾아보는 엄마와 자신이 좋아하는 것을 이야기하고 나누기 위해 기꺼이 방문을 열고 나와주었다. 특히 내가 방탄소년단에 관심을 보이자 딸은 방탄소년단과 관련한 온갖 영상과 자료를 무차별적으로 던져주었다. 딸이 준 자료를 섭렵하고 아이에게 모르는 것을 물어보는 엄마를 보며 딸아이는 '내가 엄마보다 많이 아는 것이 있고 무언가를 가르쳐줄 수 있다'라는 자부심이 생긴 것 같았다. 그 어느 때보다 눈망울이 초롱초롱 빛이 났다.

연말 시상식이 되면 엄마와 딸이 함께 TV 앞을 떠날 줄 몰랐다. 방탄소년단이 언제나 나올까? 이번 무대는 얼마나 엄청날까? 서로서로 얘기꽃을 피워가며 방탄소년단이 나오기를 기다렸다. 방탄소년단이 마침내 화면에 등장하면 엄마와 딸은 나란히 "와~ 나왔다. 나왔다!" 라며 박수를 치고 엉덩이를 들썩거리며 TV 앞으로 바싹 붙어서는 더 자세히 하나라도 놓치지 않고 보기 위해서 시선을 고정시켰다. 죽이 척척 맞는 엄마와 딸의 모습을 옆에서 지켜보던 남편은 '누가 엄마이고 누가 딸인지, 여기 10대 소녀밖에 없다.'라면서 고개를 절레절레 흔들어댈 뿐이었다.

내가 블락비 소식을 찾아보고 엑소 뉴스를 전해주고 방탄소년단 영상을 즐기면서 편견을 버리니 K-POP의 우수성을 알고 즐길 수 있게 되었다. 그리고 이것은 내 인생에 하나의 기쁨이 되었다. 하지만 그보다 더 나를 즐겁게 하고 가치 있게 만들었던 것은 아이돌을 계기로 딸아이와 이런저런 이야기를 시작하고 허물없는 관계가 되었다는 것에 있다.

딸의 사춘기가 시작되고 서로 대화가 뜸해졌을 때도 딸아이는 늘 엄마인 나에게 이야기를 하고 있었다. 자기가 좋아하는 세상의 이야기를 하고 있었던 것이다. 그런데 철없는 소녀들이 한때 빠져드는 환상으로만 치부하고 귀 기울여 듣지 않은 것이 아이의 엄마인 나였다.

사춘기에 접어든 아이들은 원래 반항적이고 방문을 닫고 제 방에 틀어박혀 있을 거라는 지레짐작을 하고 아이의 말을 깊이 듣지 않은 것은 어른인 나였다. 그런데 우연한 계기로 딸아이의 관심사에 귀를 기울이고 대화에 동참해주니 먼저 변하고 반응한 건 이미 완강한 벽으로 자신의 세계를 굳힌 어른이 아니라 세계를 향해 열릴 준비가 되어 있던 아이들이었다. 아이들은 아직 말랑말랑했고 언제든 스스로의 마음을 열어주고 다른 사람을 받아들일 준비가 되었던 것이다.

이런 경험은 딸과 있었던 것만은 아니다. 아들과의 대화도 비슷한 경험이 있다.

딸이 아이돌이었다면 아들은 게임과 운동이었다. 그래도 아이돌은 공부하기가 쉬웠는데 게임과 운동은 그저 공부한다고 되는 게 아니라는 걸 느끼게 해주었다. 나는 공부 과목으로 운동을 선택했다. 아들은 야구와 축구를 시즌에 따라 보고, 직접 하고 즐기는 아이이다. 내가 운동 신경에 영 젬병이라 운동장에서 같이 뛰어 줄 형편이 아니었다. 나는 이론적으로 나가기로 했다. 아들이 가르쳐 주는 운동 경기의 규칙, 운동선수의 이름, 팀 이름, 리그 이름, 그들의 세계를 듣고 배웠다. 한번 들어서 모르는 건 다시 묻기도 하고 인터넷으로 찾아보기도 했다. 아들이 공부 중에 쉬고 싶을 때나 누군가와 자신의 취미를 갖고 얘기가 하고 싶을 때 일방적으로 '그래그래' 하면서 들어만 주는 상대가 아니라 아는 체도 하고 '대화'가 가능한 얘기 상대가 되고 싶었다. 작지만 소중한 이런 경험 덕분에 아들 눈에는 차지 않지만 그래도 축구, 야구에 대해 아들과 대화를 종종하는 엄마가 되었다.

아이들의 관심사와 취미에 대하여 알게 된 후부터 아이들과의 대화가 쉽고 부담이 없어졌다. 부모와 자식 간의 대화라고 해서 부담이 없을 수는 없다. 우리가 자녀였을 때를 생각해보면, 부모님과 할 애기라곤 용돈 주세요, 밥 먹어라 뿐이었다 해도 과언이 아니다. 그래서 그때가 좋았던가?

자녀와 대화를 하려면 자녀에게 부모의 문화와 부모의 생각을 받들어 모시라고 하는 시기는 지났다. 지금은 부모가 자녀의 문화에 관심을 갖고 대화의 물꼬로 삼아야 하는 시절이다. 대화는 갑자기 탁자에 앉아 '대화를 하자'라고 해서 이루어지는 것이 아니다. 꾸준하게 일상을 알고 나누는 것이며 일상 속에서 일어나는 이벤트를 서로 교환하는 중에 일어나는 것이다. 월드컵 시즌 중에 월드컵 이야기를 하다 보면 손흥민 이야기로 이어지고, 손흥민 이야기를 하다 보면 그의 성장과 노력이 자연스럽게 따라오고, 손흥민의 노력 이야기를 하다 보면 인생을 살아가면서 사람이 꼭 해야 하는 노력과 필요한 것들에 대한 이야기들이 입 밖으로 내뱉어지는 것, 그것이 대화이다.

우리 아이들이 무엇을 좋아하는지 어떤 것으로 스트레스를 푸는지 주의 깊게 살펴보고 엄마도 같이 그것을 알고 즐기는 것, 자녀와의 원만한 대화의 시작이 된다. 부모와 아무 때나 대화가 되는 가족, 이로 인한 자녀의 정서적 안정감은 학업이라는 긴 레이스에 긴장을 풀어주는 열쇠이자 학업 스트레스를 풀어주는 생활의 즐거운 악센트가 될 것이다.

03

우선순위는 아이보다
엄마의 삶이어야 한다

일하는 엄마로서 아이들에게 턱없이 부족한 엄마였지만 주위의 도움으로 아이들은 무사히 제법 쓸모있는 성인이 되었다. 주위의 도움은 친정엄마의 헌신, 친정아버지의 손주 사랑, 놀이방과 유치원 선생님의 돌봄, 학교 선생님들의 가르침 등이다. 돌이켜 생각해 보면 너무나 감사하고 소중한 분들이다.

때로는 회사를 그만두려고 한 순간도 있었다. 아이가 아플 때, 사춘기로 방황이 심할 때, 친정어머니가 아파서 힘들어할 때 등등. 이런 위기의 순간이 닥칠 때 커리어를 포기하고 아이를 위한 삶을 살아야 하는 게 아닌가, 하는 고민을 회사를 그만두는 순간까지 내내 했다. 엄마와 직장인, 두 가지 역할 중 하나라도 포기하지 않고 버텼던 것은 엄마 스스로의 삶을 중요하게 여기고 공부하면서 노력한다면 그 노력이 절대 헛되지 않을 거라는 믿음이 있었기 때문이다.

둘째가 8살일 때 야간 대학원을 다녔다. 회사 업무만으로도 벅차서

야근하기가 일쑤였는데 공부까지 하려니 아이와 함께하는 시간은 더 줄어들었다. 학교 과제하고 시험 기간에는 시험공부도 하려니 물리적 시간이 부족했다. 이 시간을 벌기 위해서 아이를 억지로 먼저 재우려고 했다. 그래도 아이가 자지 않고 엄마랑 같이 있으려고 하면 할 수 없이 아이와 함께 책상을 쓰면서 공부했다. 그때 아이가 나에게 물었다.

"엄마는 어른이고 엄마인데 왜 공부를 왜? 공부가 재밌어?"

어떻게 말해야 아이가 저에게 관심을 쏟지 않고 공부만 하는 엄마를 이해시킬 수 있을까, 생각한 끝에 나는 대답했다.

"엄마는 공부가 재미있어. 이렇게 재미있는 줄 알았다면 좀 더 어릴 때 더 열심히 했었을 텐데 왜 이제야 공부를 시작했을까? 너무 속상해. 그리고 엄마만 재미있는 거 해서 미안해. 우리 ○○이가 엄마 좀 이해해 주면 안 될까? 나중에 우리 ○○이도 재미있는 거 할 때 엄마도 이해해주고 기다려줄게."

조막만 한 얼굴에 까만 눈을 동그랗게 뜬 둘째는 내가 하는 말을 곰곰이 듣더니 방긋이 웃으며 말했습니다. "어. 알겠어. 재미있는 거 열심히 해."

물론, 아이는 내 생명보다 더 소중한 존재이다. 아이에게 무슨 일이 있다면 그 어떤 것도 아무 의미가 없다. 맛난 것도 아이 먼저, 하루 일과도 아이 것 먼저, 옷을 사도 아이 것 먼저, 공부도 아이 공부 먼저. 그러다 보면 엄마의 인생은 사라지고 엄마에게는 아이만 남는다. 시간이 흘러 아이가 어른이 되면 엄마에게 무엇이 남을까?

나는 일하는 엄마라는 형편상 모든 것을 아이 먼저 할 수도 없었지만, 솔직히 말하면 내 생활의 기준을 '아이 먼저' 하지 않으려고 했다. 어찌 됐건 내 인생이다. 내 인생에서 가장 최우선은 내가 되어야 한다고 생각했다. 일과 육아에서 우선은 내 일이었고, 아이 공부와 내 공부에서 우선은 내 공부였다. 그러지 않으면 일과 육아를 양립하는 게 현실적으로 불가능했다. 이렇게 생각하는 것이 연습을 거쳐 뇌리에 조금씩 자리가 잡히다 보니 아이들도 이 사실을 자연스럽게 받아들이게 되었다.

이러한 기조로 생활을 하고 육아를 하다 보니 우리 집은 '자기 일은 자기가 알아서!' 하는 것으로 인식하게 되었다.

지금은 이것이 조금은 섭섭한 일이 되었다. 미국 하이틴 드라마에 나오는 주인공들처럼 부모에게 시크하게 구는 아이들이 남처럼 여겨질 때도 있다. 하지만 어쩌겠나? 내가 만든 결과인 것을! 아이들이 성인이 되었을 때 섭섭한 것이, 깊고 깊은 애증 관계때문에 서로 구질구질하고 지겨워지는 것보다 나을 것이다.

부족한 엄마였지만 아이들이 제 역할을 잘하고 이만큼 커 준 것은 내 인생을 우선으로 두었기 때문이 아닌가 한다. 최우선은 내 인생이다. 아이 인생보다 내 인생을 먼저 생각하고 가꾸자. 국·영·수도 역사도 체험활동도 내 인생 다음이다. 엄마가 내 인생을 소중히 여기면 어느덧 자신을 소중히 여기고 첫 번째로 생각하는 아이로 자랄 것이라고 생각한다.